U0479166

HASAMI

TADAFUSA 股份有限公司

新潟县三条市

创建时间：昭和 23 年（1948 年）

商品：刀具

咨询期间：2011 年 4 月～2012 年 3 月

年销售额：1 亿日元（2011 年 4 月期）→ 1.9 亿日元（2016 年 4 月期）

对策：梳理现有商品、创建新品牌、策划庖丁工坊的心得、培养下一任经营者、拓展销路

概要：一方面，把多达 900 种刀具梳理为 300 种；另一方面，以"必备的三把刀和下一把刀"为概念限定了足够平时使用的 7 把刀，并以此创建了新品牌"庖丁工坊 TADAFUSA"，其中面包刀大受欢迎。2015 年新设工厂店，并在于 2013 年创建的"工厂的盛典"中担任初代执行委员长，以三条锻冶集团领导人的身份从事活动。

BAGWORKS 股份有限公司

兵库县丰冈市

创建时间：昭和 29 年（1954 年）

商品：包

咨询期间：2011 年 4 月～2012 年 9 月

年销售额：6500 万日元（2012 年 6 月期）→ 1.07 亿日元（2016 年 6 月期）

对策：制定企业愿景、创建新品牌、培养经营者、拓展销路、采用和培养继承人

概要：以前是专门代工业务用包的制造类企业，我们灵活运用其存档，创建了以"工作用包"为概念的新品牌 BAGWORKS，该品牌正在稳健发展。对继承这一事业曾经持消极态度的高岛茂宏先生看到业绩恢复并稳定发展，也最终决定继承该事业。由中川政七商店负责后补继承人的录用。

堀田地毯股份有限公司

大阪府和泉市

创建时间：昭和 37 年（1962 年）

商品：地毯

咨询期间：2011 年 5 月～2011 年 12 月

年销售额：4.5 亿日元（2011 年 12 月期）→ 6.5 亿日元（2015 年 12 月期）

对策：创办讲解地毯好处的活动 Carpet Room、培养下一任经营者、拓展销路

概要：随着木地板的普及，地毯正在消失。为了打破这种现状，创办了启蒙活动，以与开发商品·拓展销路联系起来，但是项目本身暂时中断了。后来，到了 2016 年，下一任经营者堀田将矢先生自己创建了新品牌 COURT，并由中川政七商店负责拓展销路。知名的室内装饰商店一个个地都决定导入相关商品。

SAIFUKU

新潟县五泉市
创建时间：昭和 38 年（1963 年）
商品：针织产品
咨询期间：2011 年 9 月～2013 年 7 月
年销售额：7.1 亿日元（2012 年 5 月期）→ 7.8 亿日元（2016 年 5 月期）
对策：创建新品牌 mino、提供 PR 支持、培养下一任经营者、拓展销路
概要：服装企业代工订单持续减少，感到有必要创建自家品牌，于是创建了世界首家斗篷专门品牌 mino，并广受欢迎。

mino

美纱和有限公司

兵库县姬路市
创建时间：昭和 48 年（1973 年）
商品：和服
咨询期间：2012 年 4 月~2012 年 11 月
年销售额：3.8 亿日元（2012 年 6 月）→ 3.7 亿日元（2016 年 6 月）
对策：创建新零售形态、开发店铺
概要：为解决和服行业的问题点而推出三级价格体系，以新零售形态创建了"大塚和服店"，第一家店在京都五条开业。然后，通过举办活动积累业绩，第二家店于 2013 年在 RUMINE 新宿店开业，在和服行业掀起了旋风。

大塚呉服店

堀内果园股份有限公司

奈良县五条市
创建时间：明治36年（1903年）
商品：水果
咨询期间：2012年9月～2013年11月
年销售额：5500万日元（2012年12月期）→ 1.2亿日元（2016年3月期）
对策：制定企业愿景、更改企业名、法人化、创建新品牌、拓展销路
概要：为了摆脱水果事业不稳定的状态，以及确立农业园品牌，创建了国产干果品牌"堀内果园"并大受欢迎。咨询期间结束后，通过积极的营业活动，仍然有产品进入高级外资系酒店等。计划2017年以新的形态开设新店。

しあわせのくだもの
奈良 堀内果実園 吉野
HORIUCHI FRUIT FARM Co., Ltd.

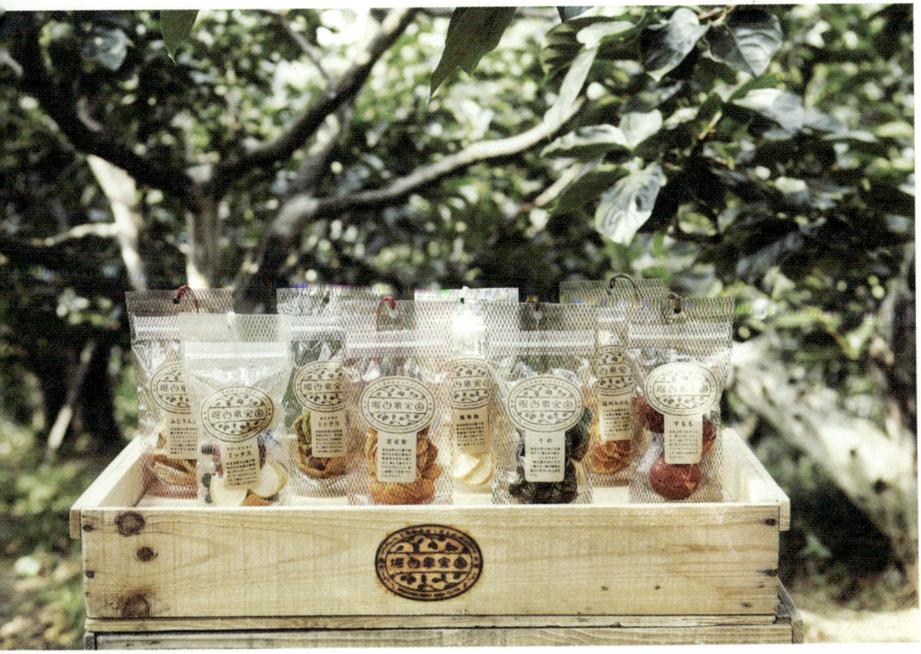

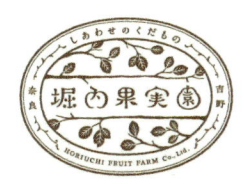

漆琳堂股份有限公司

福井县鲭江市

创建时间：宽政 4 年（1793 年）

商品：漆器

咨询期间：2013 年 1 月～2013 年 10 月

年销售额：2900 万日元（2012 年 8 月期）→ 5000 万日元（2016 年 8 月期）

对策：创建新品牌、股份化、拓展销路

概要：漆器中最擅长木碗，于是创建了专门经营木碗的品牌"木碗和家"。第八代·内田彻先生 2015 年被评为最年轻的传统工艺人。2016 年工厂店开业。现在极其吸引人，来自其他县的年轻人争相前来工作。

KAJIRENE

石川县河北市

创建时间：昭和 25 年（1950 年）

商品：合成长纤维织物

咨询期间：12.1 亿日元（2013 年 8 月期）→ 16.5 亿日元（2016 年 8 月期）

对策：创建新品牌、培养品牌经理人、拓展销路、开发店铺、提供店铺运营支持

概要：为了发挥世界顶级薄织物的特点，建立布料品牌，新创建了旅行装备品牌 TO&FRO。世界最轻收纳包颇受喜爱。2016 年旗舰店在羽田机场开业。

山之鲸舍股份有限公司

高知县安艺市

创建时间：平成 13 年（2001 年）

商品：木工品

咨询期间：2014 年 4 月~2015 年 9 月

年销售额：2500 万日元（2013 年 12 月期）→ 7300 万日元（2016 年 7 月期）

对策：创建新品牌、梳理现有品牌、更改企业名、法人化、拓展销路、EC 网站重建

概要：创建了新生活方式品牌"山之鲸会"，梳理并综合了现有木制玩具品牌。此外，新开发了木制生活杂货类别，重建了 EC 网站。

山のくじら舎

薫玉堂

京都府京都市

创建时间：文禄 3 年（1594 年）

商品：香料

咨询期间：2014 年 9 月～2016 年 2 月

年销售额：4.6 亿日元（2016 年 2 月期）→？

对策：重建现有品牌、拓展销路、培养品牌经理人和设计师、开发店铺

概要：日本最古老的香料老店。以前主要是面向寺院经营线香，企业招牌为香类调制处。我们把它重新定义为"香类专家"并重建品牌。目前正在扩充商品，以便今后扩大店铺规模。

经营与设计的幸福关系

[日]中川淳 著
侯秀娟 译

文化发展出版社
Cultural Development Press

图书在版编目（CIP）数据

经营与设计的幸福关系／（日）中川淳著；侯秀娟译 .－－北京：文化发展出版社有限公司，2018.1
ISBN 978－7－5142－2041－4
Ⅰ．①经… Ⅱ．①中… ②侯… Ⅲ．①品牌－企业管理 Ⅳ．① F273.2
中国版本图书馆 CIP 数据核字（2017）第 314462 号

KEIEI TO DESIGN NO SHIAWASE NA KANKEI written by Jun Nakagawa
Copyright © 2016 by Jun Nakagawa. All rights reserved.
Originally published in Japan by Nikkei Business Publications, Inc.
Simplified Chinesh translation rights arranged with Nikkei Business Publications, Inc. through CREEK & RIVER Co., Ltd.

著作权合同登记 图字：01－2017－8499

经营与设计的幸福关系

著　　者：[日]中川淳
译　　者：侯秀娟
出 版 人：武　赫
责任编辑：周好好
责任印制：邓辉明

出版发行：文化发展出版社（北京市翠微路 2 号　邮编：100036）
网　　址：www.wenhuafazhan.com
经　　销：各地新华书店
印　　刷：北京亿浓世纪彩色印刷有限公司
开　　本：880mm×1230mm　1/32
字　　数：120 千字
印　　张：7　彩插 16
印　　次：2018 年 2 月第 1 版　2018 年 2 月第 1 次印刷
定　　价：48.00 元
ＩＳＢＮ：978－7－5142－2041－4

◆ 如发现任何质量问题请与我社发行部联系。发行部电话：010－88275710

目录

前　言　001

第1章　企业诊断

01　现状把握　003
02　中期经营计划　053

第2章　品牌刨建

01　建立品牌　073
02　组合品牌　087
03　完善品牌　099

第3章　商品开发

01　商品政策　107
02　商品策划　121
03　知识产权　129

经营与设计的幸福关系
経営とデザインの幸せな関係

04	商品设计	132
05	规划	140
06	确定零售价格	141
07	预算和初期制造金额	150

第 4 章　传播设计

01	什么是传播设计	152
02	如何进行传播设计	153
03	传播设计的诀窍	165
04	以沟通的方式思考渠道	171

第 5 章　对话

中川淳（中川政七商店第十三代董事长兼总经理）　178

岛浩一郎（博报堂 Kettle 董事长兼总经理）　179

后　记　217

前言

日本的制造类企业要想生存下去，应该如何做？又该如何思考？对于这些问题，本书没有从概念层面上进行探讨，而是从实践层面上进行了探讨。

当今，"设计""品牌建设"或者"设计思维"等词语充斥在制造类企业之间。即便是工艺行业，这三十年来，在日本政府的支持下，很多设计师也都与企业开展合作，加入到了制造和品牌建设之中。然而这种合作大多并未做出什么成果便偃旗息鼓了。

为何这种"不幸的合作关系"会不断出现呢？笔者认为，原因在于经营者缺乏"创新素养"，而设计师缺乏"经营素养"（这里的"素养"指的是关于某领域的知识以及活用该领域知识的能力）。如果双方不能互相理解，隔阂不能得到消除，那么项目往往不会成功。在刚开始与设计师合作时，笔者曾费尽心血，也曾经历过失败。不过话说回来，正是由于这些经验，笔者才能创造出用于促进互相理解的通用语言。这里说的"通用语言"指的是如何让公司更好，以及如何创建好的品牌和产品的逻辑、流程以及格式。如果项目相关的每个人都能掌握这种通用语言，那么毫无疑问，项目成功率一定会提高。

经营与设计的幸福关系
経営とデザインの幸せな関係

　　中川政七商店作为一家事业公司[1]，既独立进行制造和品牌管理，同时也会向其他制造类企业提供咨询服务。正是由于同时站在这两种原本绝不可能共存的立场上，中川政七商店才能创造出通用语言（一般来说，由在职经营者负责为来自同行业而且可能形成竞争关系的企业提供咨询从某种意义上来说是与自身利益相违背的，这样的事情不可能发生）。

　　无论是来自普通企业的读者还是来自代工企业的读者，都可以通过阅读本书掌握这门通用语言。如果通用语言能够得以推广，那么经营与设计之间"幸福的合作关系"应该会更多地出现在现实中。

　　※ 正文中将出现"创新管理、创新素养、创新思维"等词语。或许人们多从广义上理解"设计"的定义，并将上面这些词语叫作"设计管理、设计素养、设计思维"。当前，本领域出现的时日尚浅，术语的定义以及用法都尚未确定。为了避免读者对术语产生误解，本书统一使用"创新××"这种说法。

　　※ 本书前面汇总了正文中出现过的由中川政七商店负责的有关事业重振的咨询案例，建议大家在阅读本书正文前先去读一读这些案例。

1　在日本，"事业公司"指的是经营除金融业务以外的公司。

第1章

企业诊断

经营与设计的幸福关系
経営とデザインの幸せな関係

　　本书将通过一些实际发生过的案例讲解笔者从中总结出来的方法论，这些方法论是对企业经营、商品开发、品牌建设、创新管理、传播设计和渠道进行的概括性和全面性总结。笔者在本书中公开了迄今为止自己在中川政七商店参与的全部活动，以及积累的所有经验。本书内容属于笔者在实际经历中不断钻研而得出的方法论，因此笔者相信本书能够为各位读者提供帮助。

　　无论是从企业家的角度，还是从其他角度，比如策划者、设计师或者咨询顾问的角度，笔者都深感有必要增进经营者和设计师之间的相互了解，提高双方的经营素养和创新素养。在从经营到渠道的过程中，所有相关人员都需要掌握通用语言。即便某个项目属于自己不擅长的领域，也应整体了解一下项目的所有事项。或许我们并不需要凡事亲力亲为，但是理解每个事项背后都在进行哪些事情仍然很重要。笔者希望各位先掌握商品开发的相关知识，然后在此基础上在自己擅长的领域施展才能。

　　下面先来看看第 1 章的内容。

　　首先，如果对企业不了解，那么一切就无从谈起。因此本章将从"现状把握"和"中期经营计划"这两个大的方面讲起。"准确了解企业"是最基本的要求。因此,我们不可避免地需要看财务报表。财务报表中的内容并不是很晦涩难懂,只要能抓住关键点,即便我们不是企业经营者,也能看懂企业的数据。

01 现状把握

1 看财务报表

只要是经营者,就一定看过财务报表,而且每年至少应该会看一次。或许除了经营者,其他人很少看财务报表。不过,即便自己不是企业经营方面的最高负责人,只是经营干部或者部门领导,如果不能在某种程度上准确了解企业状况,在日常工作中也难免会做出错误的判断。因此,笔者建议大家通过本节内容学会看财务报表。

财务报表指的是资产负债表(Balance Sheet)、损益表(Income Statement)、现金流量表(Cash Flow Statement)等各种财务相关表格。

这些财务相关表格用于让人们准确把握企业经营和财务状况。市场上有很多讲解如何看财务报表的专业书，其中既有通俗易懂的书，又有从某个特别的切入点开始讲解会计学的书，大家可以从其中选一本感兴趣的书读一读。

不过，就算读了，也很难记得住其中的内容。这时，大概有人会厌烦起来。不过，我们只需要专注于财务报表中的必要项目，先理解这些内容，再运用这些知识去了解企业的经营状况即可。

笔者在提供咨询服务时，一定会先要五期财务报表来看。要说笔者都看哪些内容，其实也就只有下面提到的这几项。当然，财务报表中的数全都有含义，但是对于我们来说，一般只看其中的几项就足以把握现状了。

Ⓐ 应该看的项目和不必看的项目

在财务报表中，数的位数都很多，笔者在看数的时候一般只看前两位或者前三位。看财务报表的目的在于把握现状，因此重点不在于数的准确性，而在于对结构和流程的把握，只看前两位或者前三位会易于记忆。

下面就是笔者在看财务报表时着重注意的 8 项内容。

第1章 企业诊断

<损益表>

· 销售收入

· 销售成本

· 销售管理费

· 资产减值损失费

· 人力资源费

· 营业利润

<资产负债表>

· 短期借款

· 长期借款

笔者会先看损益表。对于损益表，笔者看的是其中的销售收入、销售成本、销售管理费和营业利润。此外，对于销售管理费下的各项，笔者还会看一看资产减值损失费和人力资源费。

接下来笔者会看资产负债表。对于资产负债表，笔者看的是短期借款和长期借款的金额，但也不会过于深入地关注，只是把这两项相加，看看企业借款总额。

说得极端点儿，我们只需看这8项即可。也就是说，我们只需要知道"卖了多少钱""花了多少经费""赚了多少钱"，以及"企业借了多少款"。

企业当然要盈利。世界上有各种各样的商业形态，也许有些商业形态并不产生销售成本。不过，只要是销售物品的企业，就有销售收入和销售成本、销售管理费。用销售收入减去销售成本和销售管理费，得到的差值就是营业利润。因此我们只需从财务报表中找出营业利润，把握状况即可。

< 营业利润＝销售收入－销售成本－销售管理费 >

非常简单。虽然利润也分营业利润（Operating Profit）、普通利润（Ordinary Profit）、净利润（Net Profit）等，但这里我们可以不必关注详细内容，只看营业利润即可。当然如果想看得更细致一些，那么笔者也会去看看其他几项，但基本上来说，这 8 项就足够了。

Ⓑ 换算成百分数

这里教给大家一个看数字时的关键点：一定要把数字换算成百分数。比如，我们假设这里有一份财务报表，销售收入、销售成本和销售管理费分别为 6.4 亿日元、3.4 亿日元和 2.8 亿日元，而营业利润只有 2000 万日元。就算我们对着这份财务报表上的数字摇头晃脑，恐怕也很难记得住它们。这里，我们一定要把这些数字换算成百分数。这样更有利于我们理解财务报表的结构（即构成比）。

第❶章 企业诊断

损益表

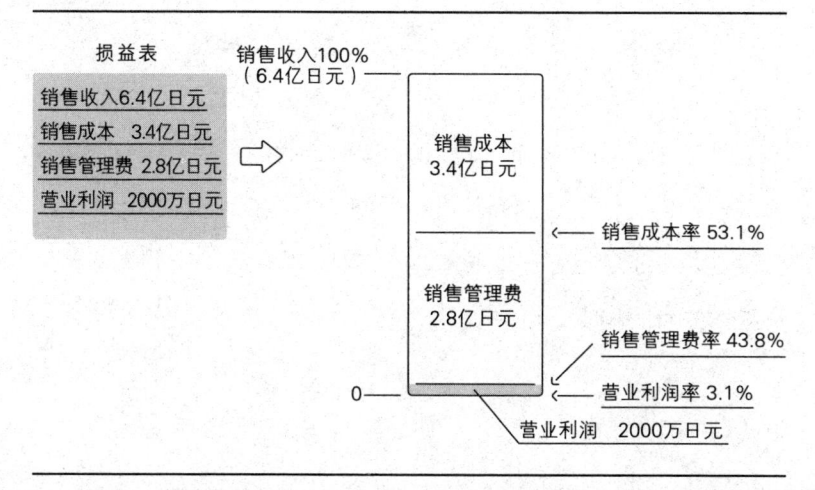

损益表	
销售收入	6.4亿日元
销售成本	3.4亿日元
销售管理费	2.8亿日元
营业利润	2000万日元

销售收入100%（6.4亿日元）
- 销售成本 3.4亿日元 ← 销售成本率 53.1%
- 销售管理费 2.8亿日元 ← 销售管理费率 43.8%
- 营业利润率 3.1%
- 营业利润 2000万日元

　　在换算这些数字时，以销售收入为100%，并在此基础上计算销售成本率和销售管理费率后，我们就能得到营业利润率。拿刚才那份财务报表来说，以销售收入为100%进行换算后，销售成本率和销售管理费率分别为53.1%和43.8%，营业利润率为3.1%。实际上，这些数据来自中川政七商店以前的财务报表。通过这些数据，我们就能明白那时中川政七商店的经营状况。

　　重要的是，我们要在一开始就准确理解企业的利润构成。我们如果不能把握企业整体的销售成本率，那么就无法确定商品的零售价格。关于这一点，笔者在讲解商品开发时也会提到。

经营与设计的幸福关系
経営とデザインの幸せな関係

正如京瓷[1]集团的稻盛和夫所说,"定价即经营。"定价并不是"把价格确定为成本的多少倍"这么简单的事情。在定价时,我们需要考虑企业整体的利润率,并看清某件商品的利润率会对企业带来什么样的影响,以及我们希望企业拥有什么样的利润构成。最糟糕的情况是,商品卖得很好,但是企业获取不到利润。就算是为了避免犯下这种根本性的错误,我们也一定要先理解企业整体的利润构成。

ⓒ 把握流程

事实上,如果只看一期财务报表,我们并不能看出什么问题。只有纵向对比着看,我们才能从财务报表中获取一些信息,因此请务必把近几年的财务报表都拿来,然后对比着看这些数据,以把握数据变动情况。这样一来,我们还能注意到销售收入和销售成本率的升降,以及其中的蹊跷之处。

---

1 即日本京瓷株式会社(KYOCERA Corporation),由稻盛和夫于1959年创建,曾作为优秀中小企业,荣获日本中小企业研究中心颁发的第一届中小企业研究中心奖。

Ⓓ 提取本质

下面这份财务报表来自笔者实际为其提供过咨询的企业。通过观察这份财务报表中的数据变动情况,我们可以发现这样一种状况:虽然销售收入有下降的趋势,但从第 3 期财务报表开始,销售管理费减少,开始盈利并持续至今。虽然乍一看似乎企业经营状况正在好转,但事实并非如此。销售管理费的减少并非得益于工作效率的提升,而是由于人力资源费减少了。也就是说,该企业担心在经营持续亏损的情况下银行将不再提供帮助,于是抱着"就算是表面上盈利也行"的想法,通过大幅削减经营者的人力资源费来实现的。换句话说,这家企业的经营状况并没有一丝一毫的好转。这是一个家庭经营的小企业,因此笔者当时就猜想,恐怕他们一家三口的工资加起来大概是每年 300 万日元左右。如果在看过这几份财务报表之后认为"挺不错,连续 3 期都是盈利呢",那可就看错了。因为这家企业实际上还是亏损的,而且销售成本率正在逐步恶化。我们可以料到,这家企业试图保持销售收入,因而正在以不现实的价格接受订单。

因此,解决方案可以有如下 3 种:回升销售成本率、提高销售收入,或者既回升销售成本率又提高销售收入。为什么销售成本率会恶化呢?还能不能提高销售收入呢?我们必须一遍遍地询问、聆听,以寻找解决问题的方向。

经营与设计的幸福关系
経営とデザインの幸せな関係

财务报表中的数据变动

	第1期	（占比）	第2期	（占比）	第3期	（占比）	第4期
销售收入	78		72		68		71
销售成本	50	64.1%	47	65.3%	45	66.2%	48
销售管理费 人力资源费	17	21.8%	17	23.6%	10	14.7%	10
销售管理费 资产减值损失	2	2.6%	1	1.4%	1	1.5%	0
销售管理费 其他费用	10	12.8%	12	16.7%	9	13.2%	10
营业利润	▲1	▲1.3%	▲5	▲6.9%	3	4.4%	3

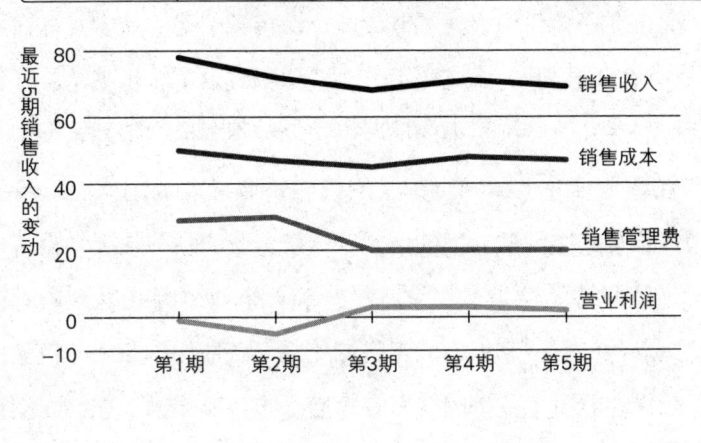

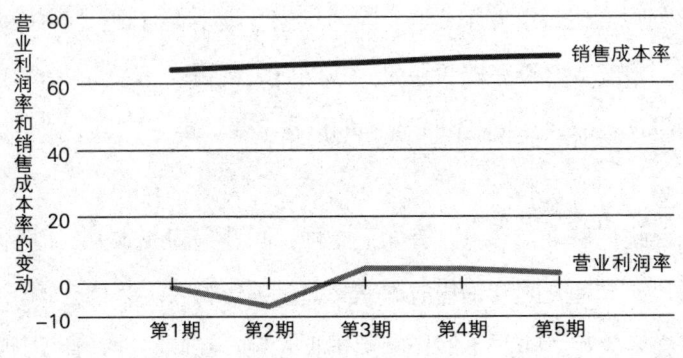

第 1 章　企业诊断

（占比）	第5期	（占比）
69		
67.6%	47	68.1%
14.1%	10	14.5%
0.0%	0	0.0%
14.1%	10	14.5%
4.2%	2	2.9%

能否成功解决问题，有七成左右取决于对现状的认识。如果不能准确地认识现状，就会做出错误的判断。希望大家不要贸然地去开发新商品或者树立新品牌，一定要先去看几期财务报表，认真地把握现状。

2　事前询问

当接到企业的咨询委托时，笔者会先请客户把财务报表拿来，然后先进行事前询问再面谈。笔者会先给客户一份"事前询问表"，请他们填写"优势""劣势""问题""竞争对手""理想"等，除了"理想"这一项，其他项都要求客户写出3点。

之所以在直接面谈之前特意让客户填写"事前询问表"，是为了让客户在此时把他们的想法如实地描述出来。一旦实际地开始面谈并详细询问，客户常常会在面谈的过程中不知不觉受到咨询顾问的想法的影响，而且对客户进行询问的咨询顾问

011

经营与设计的幸福关系
経営とデザインの幸せな関係

事前询问表

贵公司的优势有哪些？
1. _____
2. _____
3. _____

贵公司的劣势有哪些？
1. _____
2. _____
3. _____

贵公司目前面临的问题有哪些？
1. _____
2. _____
3. _____

贵公司的竞争对手有哪些？
1. _____
2. _____
3. _____

贵公司的理想状态是什么样的？（想变成什么样）

_____

第 1 章　企业诊断

有时也会先提出一些想法。因此,"事前询问表"中的项目都是定性项目。这是因为,对于定量项目,即便以后再确认,也不会发生变化。笔者认为下面这样一个步骤很有必要,即把客户正在思考的事情,感到困惑并进而寻求咨询的事情,以及开始咨询时对现状的认识等以书面的形式记录并保存下来。

这里多说一句,"写出 3 点"这种做法特别好。不能写 1 点,也不能写 10 点,只能写 3 点。相对来说,这很困难。即使从"让对方认真思考"的意义上来说,这也是一种很好的提问方式,而且也有助于我们思考问题。因此,这里向大家推荐这种做法。

Ⓐ 最懂自己的并不是自己

从笔者过去的经验来说,"事前询问表"中写的很多内容都会随着咨询的深入而发生变化。我们会发现,客户对现状的认识往往与真实的现状存在偏差,比如,客户自己认为的优势在竞争对手看来并非是很强的优势,或者未被客户列举出来的问题反而是很大的问题。

在拿到这份"事前询问表"的时候,我们还不知道详细的内情,因此会原原本本地去理解客户写在表中的内容。但是,我们的"理解"并不是盲目相信这份"事前询问表",而是去企业实地考察并与客户交谈,从中发现真实状况。我们知道,无论是谁,都很难准确认清自己的处境。

Ⓑ 有外人加入的优势——能够客观看待

有外人加入的优势在于外人能够客观看待。客户最开始填写的"事前询问表"中的信息可以帮助我们理解企业状况，因此重要的是让客户如实地写出心中所想。然而现实是，大多数企业认为的优势跟笔者从外人的角度看到的优势并不一致。

当局者迷。当事人常常会局限于自己的立场而忽略一些事情，或者陷入行业常识等思维中无法自拔。有时，客户认为理所当然的事情，在外人眼中却是优势。因此，若借助能够客观看待的外人力量，便能认清状况。

另外，"事前询问表"的最后一个问题是"贵公司的理想状态是什么样的"。这一点跟后文将要讲解的"品牌建设"相关。笔者在工作时心里常常想的是"树立品牌"，而不是"卖东西"。换句话说，笔者不会像市场营销那样，以市场为出发点，哪里有空白就去抢占哪里，或者根据事先想好的目标人群去开发商品。相比之下，笔者更关注这家企业的人们"想让企业变成什么样"，并以此为出发点，刨根问底地询问客户的想法和理想。

很多经营者一开始都会说些场面话，比如"为了产地""为了把日本的技术传承下去"，等等。笔者认为这些也很重要，他们当然可以谈论那些听起来很伟大的理想。不过，当笔者更进一步询问"可是，这是你真正的想法吗""贵公司现在是亏损吧""还有没有比这些更加重要的事情呢"时，他们就会真正告诉笔者自己"想让企业变成什么样"。

这里，客观性角度同样发挥了作用。只有站在客观性立场上，才能把他们的原动力和目标——自己想让企业变成什么样——挖掘出来，以长久地把事业做下去。这样做的目的在于，明确一下经营者在痛苦的状况中日渐磨灭的理想和志气。接下来，开拓道路，让他们朝着"想让企业变成什么样"的目标前进并实现目标——这才是我们能够提供帮助的地方。笔者认为，这个过程和方法论正是品牌建设。有时，"事前询问表"上写的要么都是场面话，要么不得要领，不过在最开始的时候这样写也没关系。在接下来的过程中，我们还会回到这个起点。

3 考察和询问

A 实地考察的要点

实地考察

在确定接受咨询委托后，笔者一定会去实地考察一次，比如到工厂、仓库和办公室等地考察。虽然各个行业各个企业的状况千差万别，不能一概而论，但是说起实地考察的要点，还是要在一开始就亲自去观察，因为最开始的阶段不会受到先入为主的观念影响。实地考察除了要考察设备等硬件方面，还要亲身感受企业风气和氛围等。

有句话我们常常听到：整洁有序的工厂一般效益都很好。而需要笔者去实地考察的那些工厂，大多都是散乱无序的（笑）。

笔者认为，好的企业不能光有整洁的货架，还要把事项安排表和内部管理规定贴出来。虽然实地考察时笔者也会对"哪些地方配备了多少员工"进行询问，但重点还是在于先亲自去观察。

除了实地考察，在询问时我们也会完完全全站在外行人的角度去提问。虽然咨询顾问有时多多少少懂得一些行业知识，但是仍然难免漏掉问题的本质，所以当然不能不懂装懂，而且还应该注意，不能自以为是，更不能凭想象补充和添加信息。

产品的制造过程、工作流程

为了加深对行业和产品的理解，实地考察时客户会带我们参观车间，了解产品从无到有的一个完整的制造过程。通过观察，我们可以了解产品的制造过程以及工作流程。

此时需要考察的是，与销售成本相关的信息，以及与产品制造相关的要点。在考察与销售成本相关的信息时，需要确认包括制造工序的时间等在内的工厂的能力。比如所有工序

第 ❶ 章　企业诊断

都是手工操作，或者虽然是机器操作，但是仍然需要手工辅助，又或者全都由机器操作等。我们会询问某台机器每天能制造多少件产品，或者某个工序上的某个员工每天能处理多少件产品等。因为生产能力等是思考产品制造和渠道时的重要因素，所以如果有不懂的地方，我们都会询问相应的员工并努力理解。

此外，还需要考察人力资源费。虽然它也与销售成本相关，但是这里需要关注的是，有多少什么样的员工在工作，这些员工的人力资源费是否偏高以及这些员工是小时工还是正式员工，如果是正式员工，那么其中的男性员工年龄较大的话，人力资源费是否也较高……

这些费用累计起来就是大概的销售成本，因此在思考关系到企业利润的产品制造问题时，认真地亲自去观察去理解很重要。

在实地考察结束之后，大家一般会去会议室坐下来交流。这时就应该深入地就各种事情进行询问。在这个时候，我们只是获取了财务报表和事前询问表，考察了工厂和办公室。这当然不够充分。接下来，我们还会详细询问，以挖掘出我们所需要的信息。

3C 和 4P

3C
- Company ········ 自家企业
- Competitor ······· 竞争对手
- Customer ········ 顾客

4P
- Product ········· 产品
- Price ··········· 价格
- Place ··········· 渠道
- Promotion ······· 促销

Ⓑ 询问的要点

这里，笔者教给大家一些实际询问时的技巧，即使用 3C[1] 和 4P[2] 这样的常见方法框架。大家可能会觉得这些太理所当然，太没有新意了，不过这种方法可谓是王道，从古至今一直在使用，在梳理信息时非常有用。

接下来，我们就从各种角度就 3C 和 4P 进行询问。不过顺序

1　由大前研一提出的经营战略模型，包括自家企业（Company）、顾客（Customer）、竞争对手（Competitor）。
2　由麦肯锡提出的营销组合策略，包括产品（Product）、价格（Price）、渠道（Place）、促销（Promotion）。

第 1 章 企业诊断

无所谓，我们只要根据谈话的情况询问相关内容，最后把这几项全都询问了就行。下面我们按顺序来讲解 3C 和 4P。

——Company ＝自家企业——

组织架构图

首先是组织架构图，即询问企业内部有哪些部门，分别有多少员工，其中正式员工和小时工分别有多少人。组织架构图也与今后的项目体制建设和项目推进有关，因此对于部门负责人和企业中的关键人物，我们有必要事先了解他们在企业的经历以及个人经历、人品等。尤其是中小企业，状况尤为复杂，常常有一人兼任多个部门负责人的情况。为了把握企业内部状况和企业资源，比如企业内是否有设计师等，最好一开始就确认一下企业内擅长某工作的员工人数。此外，在这个阶段，我们还会根据经营者的年龄询问一些未来的规划，比如有时需要询问有关继承人和换代的计划等。

经营与设计的幸福关系
経営とデザインの幸せな関係

组织架构图

组织架构图

员工人数　　　　　　　　　　　　小时工人数

SWOT

	内部环境	外部环境
积极因素	优势	机会
消极因素	劣势	威胁

有关财务报表的疑问

- 借款

短期借款			长期借款		
从哪里借的	借了多少	偿还期限	从哪里借的	借了多少	偿还期限

总额　　　　　　　用多少年偿还　　每年有多少营业利润

- 资产减值损失
- 非正常损失、非正常利润
- 员工报酬
- 存货金额及其状态

SWOT 分析法

SWOT 分析法用于梳理企业的优势和劣势。通过 SWOT 分析，我们可以发现企业的内部环境和外部环境中分别存在的积极因素和消极因素，并按照劣势、优势、威胁、机会来梳理这些积极因素和消极因素。如果这里的梳理出了错，那就会一直错下去，所以必须慎重、准确地分析。实际上，最困难的就是这件事。

这是因为，由于处理方式不同，优势有时会成为劣势，而劣势有时也会反过来成为优势。由于越是与自己相关的事情越会看不清，所以我们需要注意尽可能地客观分析。

SWOT 分析法

常用来基于优势、劣势、机会和威胁这4个因素分析自家企业的优势和劣势，盘点自家企业的状况，或者制定用于实现目标的战略。从与竞争对手相比较时的积极方面和消极方面分析内部环境和外部环境，并通过把这4个因素搭配起来制定战略，比如"优势×机会"。

	内部环境	外部环境
积极因素	[优势] Strength 优于其他企业之处 胜于竞争企业之处 自家企业擅长之事	[机会] Opportunity 有利于自家企业的市场变化 存在某种可能性的外部环境 某些将会对己方有利的情况
消极因素	[劣势] Weakness 劣于其他企业之处 不如竞争企业之处 自家企业不擅长之事	[威胁] Threat 不利于自家企业的市场变化 存在竞争对手 导致自家企业负担增加的情况

经营与设计的幸福关系
経営とデザインの幸せな関係

很多经营者在遇到 SWOT 分析时都会受挫。虽然在填写"事前询问表"时，我们已经让他们列举过优势和劣势了，但是真正梳理时，他们列举的优势和劣势中却很少有让人特别认可的。下面我们就通过笔者曾经接触过的长崎县陶器制造类企业 MARUHIRO 的案例来说明吧。当时笔者请 MARUHIRO 分别写了他们的优势和劣势，结果他们写了三张 A4 纸那么多。

＜自家企业的优势＞
- 与制造类企业有信任关系
- 有年轻的继承人
- 有做策划的外部员工
- 职场活泼，员工关系好
- 产品检验等的品质管理优秀、认真
- 有生产设备
- 做到了整理整顿

这些只是从中提取出来的一部分，当时笔者让他们把能想到的优势和劣势都写出来，所以他们就绞尽脑汁地去想，并写了出来。相信各位看了之后就会发现，其中混杂着各种层次的信息。

首先，我们在一开始思考优势的时候，就要把自己"具备的"优势和自己"真正的"优势区分开。真正的优势是那些让自家企业不同于其他企业的关键点，是生意的出发点。优势一般是

第❶章　企业诊断

通过与其他企业相比较发现的，因此需要列出的是自己所知的排在前 10% 的关键点。

然后，列举出来的优势必须是与生意有某种联系的关键点。虽然"职场活泼""员工关系好""做到了整理整顿"的确也很好，但是对于想要在竞争中获胜的企业来说，这些算不上直接优势。

于是，他们写出来的几乎所有优势都被否定了。实际上，笔者没能从 MARUHIRO 这家企业找到优势。因此，我们那时就决定改变"自家企业"的定义，即把"自家企业＝MARUHIRO"改为了"自家企业＝产地'波佐见[1]'"。这样一来，我们就发现了这家企业的优势。

不过，波佐见作为产地所具备的优势，在与其他产地相比较时还能不能算是优势呢？仅听当事人的一面之词还不够准确。或许行业内的常识跟顾客的常识很不相同，或许自古以来的说法与现在的状况也会不同，或者产地现在给人的是与以往不同的新印象。这就需要认真调查其他产地的现状并彻底分析。

＜波佐见作为产地所具备的优势＞

- 能够量产
- 价格相对便宜
- 陶器和瓷器都能生产

---

[1] 日本地名，位于日本长崎县，以陶瓷器闻名。

最后，我们成功地从波佐见这个产地中找出了能与其他产地一较高下的优势。在思考优势的时候，有必要像这样对竞争对手加以考虑，因此就需要我们通过反复询问 3C 中的有关自家企业和竞争对手的情况来梳理信息。

拿 MARUHIRO 来说，我们在这一阶段把自家企业定义为波佐见，而不是 MARUHIRO。这又会关系和影响其他决定，比如这家企业后来把品牌名定为了 HASAMI[1]，并制定了"成为背靠产地的品牌"的目标。

＜自家企业的劣势＞

· 经营者不行（缺乏决断能力、判断能力和领导能力）

· 销售能力不足

· 策划能力不足

· 没有代表性商品

· 全是外行

· 经营、商品的确定、商品的选择和毛利全靠顾客

· 经典商品和普通商品弱

＜产地的弱势＞

· 制造业间未形成很强的网络

1　即日语「波佐見」一词的罗马字拼写。

第 1 章 企业诊断

·产地的印象尚未建立

·虽然有 400 年的历史,但只是有田瓷器[1]的受托制造方,因而不为人所知

·虽然量产的体系很完善,但策划能力弱

·量产的价格高于其他县[2]

·距都市圈较远

  下面我们来看一下劣势。对于劣势,我们仿照优势那样,从 MARUHIRO 和产地波佐见的角度分别了解。这里同样是通过与竞争对手相比较来梳理的。自家企业的劣势与对问题的认识直接相关,因此我们同时从解决问题的角度思考了如下几个问题:是否可以凭借自己的力量改变,是否应该交给外人解决,是否可以立即解决,是否会耗费时间等。通过分析,我们得出了如下图所示的结果。

  我们像这样分析了自己有什么,没有什么,优势在哪里,劣势又在哪里。这里分析的优势是今后树立品牌时的重要因素,因此我们要多花些时间,认真地从客观的角度研究。

---

1 又称"有田烧",出自于日本佐贺县有田町,非常著名。
2 "县"是日本的行政规划之一,相当于中国的"省"。

MARUHIRO（产地波佐见）ＳＷＯＴ分析法

	内部环境	外部环境
积极因素	[优势] ・能够量产 ・价格相对便宜 ・陶器和瓷器都能制造	[机会] 日本制造的价值 正在被重新定义
消极因素	[劣势] ・商品管理方法尚未确立 ・没有代表性商品 ・采用分工制，横向联系薄弱	[威胁] ・百元店[1]，以及低廉的中国产品的流入 ・百货商店的家用品卖场正在缩小

有关财务报表的疑问

MARUHIRO 最近一期的销售收入是 8000 万日元，但是长期借款和短期借款加起来有 1.3 亿日元，达到了销售收入的 1.5 倍以上。在比最近五期更早的财务报表中，虽然销售收入是 1.2 亿日元，但是借款仍然过多，笔者对此感到很奇怪。通过确认得知，1990 年左右，MARUHIRO 的销售收入曾经达到 2 亿日元。也就是说，当时销售收入是 2 亿日元，借款大概是 1 亿日元。而 20 年后，尽管销售收入下降了一半，但是企业体制并没有相应缩减（销售管理费没有削减），结果借款不减反增。这就是当时的现状。

如果有像这样必须通过询问才能搞明白的事项，比如无法通

1　即 100 日元店。

过五期财务报表理清的情况，以及资产减值损失的详情等，就需要在此时去问明白。

——Competitor＝竞争对手——

接下来我们看看竞争对手。根据对自家企业的不同定位，所谓的竞争对手也会不同。虽然咨询顾问并不具备某一行业的具体知识，但是可以通过各种切入点向客户询问竞争对手和行业的情况。

行业前三

笔者认为，切入点有很多，比如销售收入规模和事业规模、知名度、专业性等。我们可以分别就在这几个方面排名前三的企业进行询问。有时行业内专业人士的看法和普通人的看法不同。最好详细询问排名前三的这些企业哪些地方厉害，以及为什么厉害。

行业划分方法、行业细分

"我们是干什么的"——如果像这样询问，或许大家就容易理解了。比如是厨具品牌还是菜刀品牌，属于生活杂货还是日式杂货等。也就是说，需要明确自家企业赖以生存的产品的范畴。

这些信息也关系着企业定位和品牌创建。拿 MARUHIRO 来说，其行业可以说是餐具，如果从狭义上来看，也可以说是日式餐具。

经营与设计的幸福关系
経営とデザインの幸せな関係

竞争对手

行业前三

行业划分方法、行业细分　ex.厨具or菜刀　※我们是干什么的

谁才是真正的对手　※迪士尼乐园的对手并非日本环球影城

标杆・其他企业的成功案例

定位图

第 ❶ 章　企业诊断

谁才是真正的对手

在思考企业的竞争对手时，制造类企业往往容易把对象局限于相同产地的其他企业。那么，谁才是真正的对手呢？下面我们来思考一下。

这里有一个具有代表性的案例，可以拿来说明谁才是真正的对手。即"迪士尼乐园的对手是日本环球影城[1]吗？"迪士尼乐园和日本环球影城都属于主题乐园，算是竞争对手。可谓"东有迪士尼乐园，西有环球影城"。但是，当人们思考"今天去哪里玩儿"时，没有人会纠结是去迪士尼乐园还是去环球影城。

住在东京近郊的人们就算纠结，那也是在迪士尼乐园、购物中心、电影院，或者附近商场这几个选项之间纠结，即选项一般在能够实际到达的范围内。因此，在"假日娱乐场所"这个细分行业内，迪士尼乐园真正的对手并不是日本环球影城，而是购物中心和电影院。

在思考竞争对手时，人们常常在这里犯错。虽然我们可以把相同产地内或者相同行业内的企业视作竞争对手，但是请大家记住，在现实中，顾客并不是这么思考的。

那么，顾客是经过怎样的思考才决定买我们的商品呢？如果从这一点入手，我们就能更容易找到真正的对手。

---

[1] 即 Universal Studios Japan，位于日本大阪市。

下面我们就以 MARUHIRO 为例具体思考一下。MARUHIRO 的商品是餐具，那么我们就来模拟一下顾客在选购餐具时的思考过程。

我们首先思考一下，想买某种餐具的顾客会去哪里买呢？这时我们可能会想到很多选项，比如餐具专卖店或者百货店等。这里假设顾客去的是摆放着很多餐具的百货店。当顾客到达百货店中卖家庭生活用品的楼层后，将会面临两个选择：西洋餐具还是日式餐具。如果顾客选择了日式餐具并来到了日式餐具卖场，又会如何思考呢？恐怕大部分顾客都是浏览一下卖场中的商品，通过餐具的外观选购。大部分人都不会纠结"买波佐见的哪家窑厂制造的陶器"。

如果是对陶器非常了解的顾客，或许这时就会选定产地并通过比较陶器制作者和窑厂来选择。但是，很少有对陶器非常了解的顾客。就算是对陶器稍有了解的顾客，这时也就是纠结一下产地，比如是选京都瓷器还是选有田瓷器，或者是其他。而对陶器不了解的顾客大多不会纠结产地，而是通过外观选购。

因此，我们可以发现，对陶器稍有了解的顾客最多也就是看一下产地。话说回来，拿陶器来说，产地不同，土质、釉药和技艺等特征也就不同，这些都会反映到产品的外观上。所谓"通过外观选购"，特别是对于日式餐具来说，就相当于产地间的竞争。

像这样模拟顾客的思考过程并客观地思考之后，我们可以

第❶章 企业诊断

发现，只有客户自己认为波佐见陶器产地的内部存在竞争，而在顾客眼中并不存在这样的竞争。这里的思路跟刚刚讲过的迪士尼乐园的案例——真正的对手并不是日本环球影城——的思路相同。

前面讲解"自家企业"时，我们曾经思考过 MARUHIRO 的优势，这里思考竞争对手的过程就跟当时思考 MARUHIRO 的优势时一样。通过站在顾客的角度进行模拟，我们认为，如果顾客最多只是通过产地判断，那么我们就可以把自家企业的概念扩展为"波佐见陶器"。像这样重新定义自家企业，把自家企业定位为波佐见陶器后，竞争对手明确了，与竞争对手相较的优势也就出现了。

定位图

一幅通俗易懂地表示各家企业位置的定位图（Positioning Map）将便于我们梳理竞争对手。那么，应该如何设置纵轴和横轴呢？我们可以基于前面的行业细分来思考。通过观察定位图，我们可以明确自家企业和竞争对手的位置，因此画定位图是普遍使用的手法。

定位图

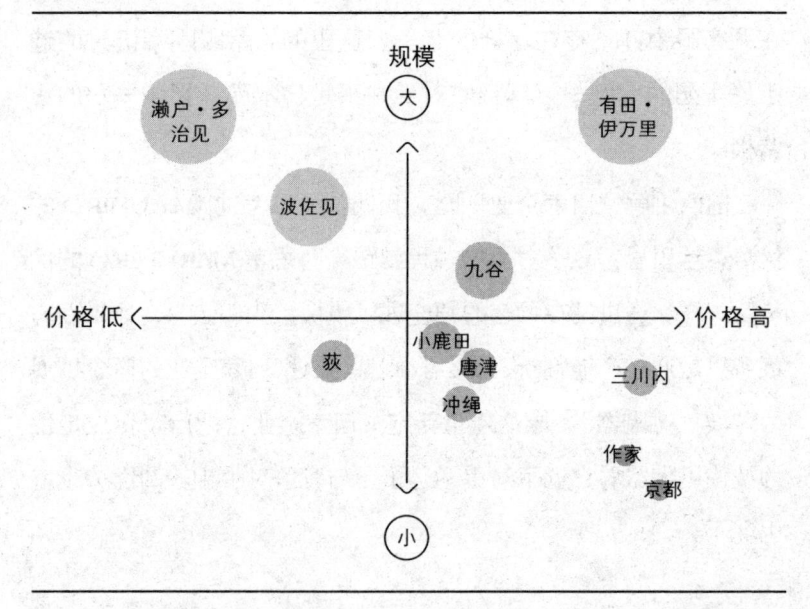

```
                    规模
                     大
                     ↑
    濑户·多          │
    治见             │
              波佐见 │
                     │      有田·
                     │      伊万里
                     │   九谷
价格低 ←──────────────┼──────────────→ 价格高
                     │ 小鹿田
                 荻  │ 唐津      三川内
                     │ 冲绳
                     │         作家
                     │         京都
                     ↓
                     小
```

拿 MARUHIRO 来说,他们对自家企业的定位是波佐见陶器,因此我们首先请他们以"产地规模"为纵轴,以"价格"为横轴画了一幅定位图,以了解各个产地的特征和优势。

通过这幅图我们可以看到,产地波佐见在价格上比较有竞争力,而且规模较大。在此基础上重新观察会发现,产地波佐见最大的对手是濑户·多治见。濑户·多治见可以以低于波佐见的价格制造产品,而且规模更大,是一个强劲的对手。从这幅图我们可以看出,如果把自己定位为波佐见,就不能不去在意濑户·多治见。

第 1 章 企业诊断

标杆·其他企业的成功案例

下面我们基于定位图，看一下可以拿来当作标杆（Benchmark）的其他企业的成功案例。我们可以单纯地把与自家企业相匹配的竞争对手当作标杆，不过如果有与自己的目标状态相近的案例，那么即使是不同行业，我们也可以拿来当作标杆。

其他企业的成功案例也关系着自家企业的目标和动力。因此，寻找能够令人兴奋的成功案例也很重要。

我们是谁，优势是什么，竞争对手是谁，自己与对方的差别在哪里……通过一遍遍地思考自家企业的信息和竞争对手的信息，就能找到可以作为标杆的企业。

拿 MARUHIRO 的案例来说，濑户·波佐见应该被视作产地间最大的竞争对手。濑户·波佐见有基础深厚的窑厂，此外，位于益子町[1]的 STARNET 等也从那时起就非常令人感兴趣，因此我们在梳理可以作为标杆的企业时就想，这些是不是会成为我将来的威胁呢？

——Customer ＝顾客——

终端用户·目标用户

顾客分为两种。一种是实际使用商品的人，即终端用户。另

1　一个以陶器闻名的城镇，位于日本栃木县。益子町的小店 STARNET 很有人气。

一种是跟我们直接交易的人。当然，在零售行业，这两种顾客其实是相同的人。这里我们主要来看一下终端用户。

顾 客

终端用户

购买动机　※5W2H

购买动机

在思考"在哪里以什么商品竞争"时，我们需要使用"购买动机"的概念。购买动机是一个与销路或者渠道相关的因素。

我们在刚刚讲解的 MARUHIRO 的案例中也提到过，我们需要试着想象一下一般的顾客是以什么样的购买动机为起点，经过怎样的思考过程购物的。

第❶章 企业诊断

下面我们来看一看位于新潟县三条市的庖丁工坊[1]（TADAFUSA）在研究菜刀这一产品的战术时的实际经历。

笔者并没有亲自买过菜刀，因此就从"菜刀都是谁买的呢"这个疑问入手，思考了"何人会在何时何地何种契机下买菜刀"。

笔者思考后认为，购买菜刀的契机一般是"开始独自生活时""结婚后拥有自己的家庭时"，以及"以前的菜刀不能再使用时"。此外，当厨艺提高，想拥有更加称手的刀具时，人们也会去买新的菜刀。

而谁会去买菜刀呢？开始独自生活时，常常是母亲帮忙买；拥有自己的家庭时，可能是自己买，也可能是别人送给自己；而由于以前的菜刀不能用而买新菜刀时，或者想拥有更加称手的刀具时，一般是自己买。

笔者思考了上面这样几种可能的情况。这是商品到达顾客手上之前经过的路径，即渠道或销路的选项和可能性。我们无法让自己的品牌把这里想到的几种情况全都涵盖。那样的话，就是胡乱出招了。我们应该自然地在脑海中构思自家产品的销售情形，比如"采用这种模式吧""这种模式不能采用"。我们应该站在顾客的角度，体会各种把自家产品拿在手中的场景。

比如，在哪里买菜刀？最近杂货店越来越少，因此我们想到的一般是家居中心，以及卖厨房用品的杂货店、百货店和综合超

---

1 日本著名的以菜刀等产品为主的刀具品牌。

市，或者百元店。

　　此外，在思考销售场所时，我们还需要考虑自家企业的制造背景。拿庖丁工坊来说，其向家居中心等价格竞争激烈的销路内投放的商品与其自身的制造背景并不匹配。因为庖丁工坊的刀具不能以低廉的价格大量制造。这样一来，我们就能够挖掘出合适的销售场所，比如价格能在某种程度上确定的百货店或者能达到相应水平的销售场所。

　　下面，我们需要进一步思考"如果是在百货店，那么会有何人在何种契机下去买菜刀呢？"即思考自家企业当前的制造背景、优势和劣势，以及自家企业的当前状况，并判断是否能够在百货店存活下去，以寻找获胜的模式。

——Product ＝产品——

　　下面开始讲解 4P。我们首先看看 Product。

销售收入的构成

　　我们来看一下企业整体的销售收入的构成，即企业靠什么获取销售收入，比如自家品牌、OEM[1] 和买入的商品等。这里我们也通过

1　Original Equipment Manufacture，原始设备制造商。常用来指代"代工"这种生产方式。

百分数来了解。通过把握销售收入的构成，我们可以明白当前的销售收入是由哪些内容构成的。这时我们需要就各个事项进行详细询问，比如顾客的业务内容和流程，经营是否顺利，主要的交易方等。

此外，这时也要向客户询问今后的展望，比如将如何改善上述事项。

商品数量

这里需要确认的是在现有品牌下，当前渠道内总的商品种数和总的 SKU[1] 数。请注意，确认时最好也确认一下各个类别下的详细情况。如果不能一目了然地看到具体的数据，务必请客户查一下。

很多企业都没有做到准确把握商品数量以及商品各自的销售收入情况，而且管理商品数量的意识不强，不会把某些型号的商品作废，因此常常是，明明某商品的销售收入越来越少，但是库存却一直存在，或者商品数量一个劲儿增多。如果企业不进行作废，那么残次品的库存会增多，进而会威胁企业经营。

有时，在重新确认实际的商品数量后，甚至连客户自己都会大吃一惊。此外，有时还会出现商品数量不平衡的情况，比如由于商品开发缺乏计划性，只去开发好卖的商品，因此某些类别下有很多种商品，而另一些类别下则商品种数很少。对于这种不平衡，我们今后有必要一一整理。

1　即 Stock Keeping Unit，库存量单位。

经营与设计的幸福关系
経営とデザインの幸せな関係

产品 – 1

销售收入的构成　企业销售收入 ─┬─ 自家企业品牌
　　　　　　　　　　　　　　　├─ OEM
　　　　　　　　　　　　　　　├─ 受托制造
　　　　　　　　　　　　　　　└─ 零部件

商品数量　・总的商品种数
　　　　　・总的SKU数

特殊商品

制造工序

其他（素材・批次・与其他企业的差异・问题・材料储存方法・产地・周围人等）

特殊商品

接下来我们需要事先询问对于客户来说的特殊商品。比如销售收入出奇高的商品,以及有知名度的商品、利润构成不同的商品等。如果有其他特殊情况,应一并询问。

制造工序

在实地考察时,客户会带我们了解制造工序,这时我们要询问产品从头到尾的制造流程。这也跟后文的商品开发阶段相关,因此最好事先作为业务流程整理一下。此时需要事先把各工序的生产周期(Lead Time)和生产能力也一并记下来。

关于制造工序中的瓶颈、容易发生损失之处,以及自家企业的优势和劣势等,也可在此时事先向客户询问。

其他

我们还需要详细确认与产品相关的各种事项,比如批次、素材、与同行业中其他企业产品之间的差异、自家企业面临的问题、材料的储存方式和调配,以及包括委托加工厂家在内的产品相关方等。

在商品开发阶段和思考渠道阶段,这些信息会成为限制条件,或者在思考与其他企业的差异化时会起到积极作用,因此对于我们已经注意到的情况,都需要事先刨根问底地询问清楚。

经营与设计的幸福关系
経営とデザインの幸せな関係

产品-2 PLM

新商品开发周期・开发计划（期间）

商品作废周期

残次品库存和处理方式

年度计划

	4月	5月	6月	7月	8月	9月	10月	11月	12月	1月	2月	3月

商品开发周期、开发计划

为了了解现状，我们还应询问商品开发周期是多久，新商品需要多久才可以推出。此时应一并确认商品目录的发布时机和次数、份数、成本。对于商品目录，要请客户向我们展示实物。

很多企业都缺乏按年规划的新商品开发周期，而是空闲时就开发新商品，或者为了参加展会才开发新商品，商品开发大多比较随机。如果企业没有制订开发计划，那就必须要求他们制订一个开发计划。

商品作废周期

在讲解"商品数量"时我们提到过"商品作废"，很多企业都只是制造商品而不管理商品，因此商品种数无休止地增加。笔者提供过咨询服务的很多企业都是如此。如果了解每种产品的年销售收入，那么我们就应该可以通过销售收入的动态变化明白商品停止销售的时间。即便如此，很多企业仍然不愿意把商品作废。每次遇到这种情况，笔者听到的理由常常都是"不知道什么时候就会好卖起来""某些特定的客户有时候会需要"。

笔者理解他们的想法和心情。然而，如果不把商品作废，那么企业就会崩溃。实际上，如果某家企业从未进行过库存管理，商品不断增多，那么在按照销售收入给商品排序后，往往需要砍掉排在后 2/3 的商品。我们对 MARUHIRO 和庖丁工坊都进行了"商品作废",但是这几乎没有对整体的销售收入造成影响。

当然,如果定期把商品作废,那么企业往往就不需要拿出勇气砍掉 2/3 的商品了。企业本就应该规定商品作废周期,使商品能经常保持合适的数量。

残次品库存和处理方式

如果有与残次品库存处理相关的规定,比如降价和 Outlets[1] 等,我们应予以确认。

关于残次品的处理,很多企业也并没有特定的规定,处理方式相当随意。笔者建议企业在设定商品作废周期的同时,也按照一定标准确定残次品的处理方式,并在企业内推行实施。

这样的话,即使库存中出现残次品,其处理方式也不会受负责人一时的主观判断左右,企业就能在保持品牌形象的同时做出有关降价和库存处理的判断。

1　即奥特莱斯,它是一种商业形态,以品牌折扣的方式销售商品。

年度计划示例

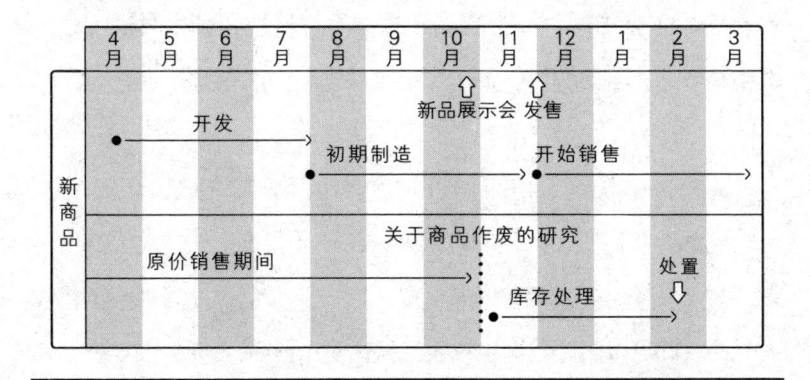

	4月	5月	6月	7月	8月	9月	10月	11月	12月	1月	2月	3月
新商品		●—开发——→			●—初期制造→		新品展示会↑	发售↑	●—开始销售————→			
		原价销售期间————————→				关于商品作废的研究			库存处理→		处置↓	

年度计划

年度计划也包括前面讲的新商品开发周期和商品作废周期，不过根据笔者曾经的经验来说，很多企业的年度计划都不够稳定。

年度计划不够稳定的企业在稍有闲暇时就去开发新商品，而在忙时就不去思考新商品的事情。通常，开发新商品的时机和数量都没有规律。

但是，这样并不好。旺季比较忙，所以可以不开发新产品。但是任何企业都会有业务较为稳定的淡季，因此最好确定一个年度计划，在淡季时开发新商品。比如，在每年 3 月开发新商品。

无论是多么不赚钱的企业，每天都会很忙。如果在想到的时候或者闲暇时才开发新商品，那就相当于没有去经营。我们要把一年分为多个时期，并与预算表关联起来，形成月度计划。经营中基本的原则就是"出于某种目的，确定实现计划并严格执行下去"。

这里再次强调，一定要制订年度计划。并且，年度计划中应包含商品作废周期。关于商品作废，每年一次在某个时机观察年度销售收入并判断即可，所以我们只需确定相关计划。

此外，通过制订年度计划，我们可以实现销售收入预测。

比如，我们假设商品开发周期为每年 4 月推出新商品。这样一来，对于从 4 月开始销售的某商品，在一个月后的 5 月观察销售收入时，我们可以假设其销售收入已经达到 1000 万日元，而年度销售收入目标为 5000 万日元。那么，我们就可以从这个实际成绩看到，从 4 月开始销售算起，一个月即可完成年度销售收入的 1/5 左右。

如果每年都这样做，那么我们就可以在开始销售一个月时预测出年度销售收入。一般的展会每年都在固定的时期举行，因此我们当然应该在相应时机推出新商品。如果按照特定的节奏持续这么做，那么数据自然就会多起来。当然，销售收入每年多多少少会有些不同，不过如果按照相同周期持续做下去，那么我们也能看出大概的信息，因此生产管理会更好做，残次品库存也就不容易产生了。

只有保持一定的节奏，才能实现预测。如果有时 4 月推出新商品，有时一忙起来就推迟到 6 月才推出新商品，那么我们就很难预测商品的销售收入。因此重要的是：确定计划，每年都以相同的节奏积累数据。只有这样，预测的准确度才能提高。

此时人们常常会有这样的疑问：如果无法预测的部分较多怎么办呢？比如，OEM 是建立在对方企业的基础上的，我们无法

第❶章 企业诊断

知道什么时候会来订单。不过试想一下就会发现，对方企业应该也有商品策划会议的安排表。尤其是，对方是大的企业或者连锁店时，一定有确定的年度计划表，因此我们只需获取相关信息，提前联系对方企业的营业部门即可。

即便是那些无法确定订单何时来的等待型交易，如果进一步思考就会发现，越是正规的企业，其周期越固定，所以我们可以基于相关信息制订计划。

——Price = 价格——

这里我们来了解一下销售成本的构成。对于商品，我们一定会把销售价格（最终零售价格）看作100%，进而询问销售成本的构成。批发价格常常因销路不同而不同，所以需要就各个销路确认销售成本的构成，并确认其与财务报表的一致性。

代表性商品示例

首先确认主要商品的销售成本构成。这里我们与看财务报表时一样，把销售价格看作100%，以百分数的形式把握销售成本和批发价格。那么，为什么要把销售价格看作100%呢？这是为了避免因销路不同而产生的混乱。即便是相同的商品，如果销路不同，收益率（折扣率）也会不同。这样一来，实际的销售成本率就会发生变化。比如某商品销售价格为1000日元，如果分别以原价的40%和

045

60% 销售，即分别以 400 日元和 600 日元销售，那么虽然这两种情况下销售成本都是 240 日元，但是以 400 日元销售时，销售成本率为 60%，而以 600 日元销售时，销售成本率却变成了 40%。

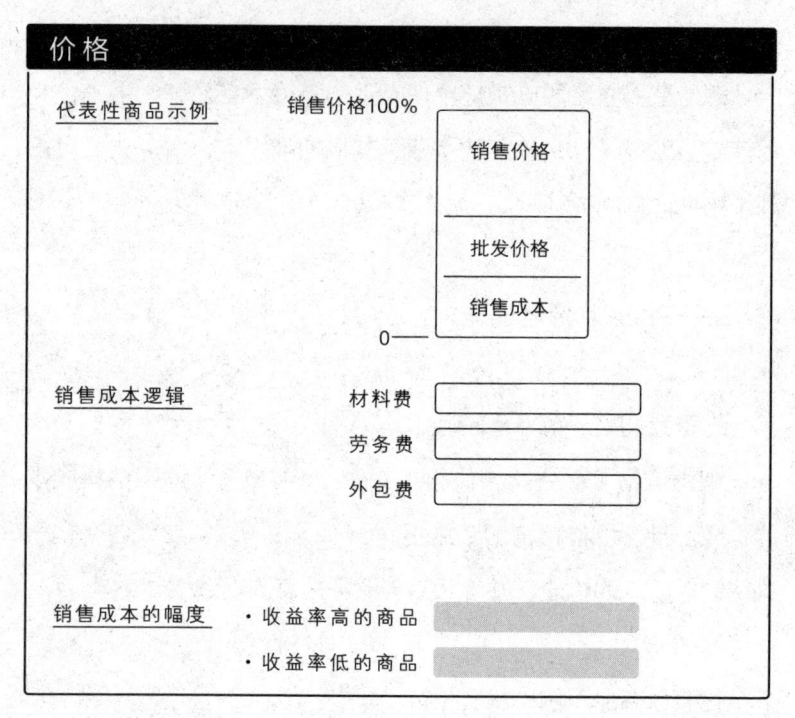

价格

代表性商品示例　销售价格100%
- 销售价格
- 批发价格
- 销售成本

销售成本逻辑
- 材料费
- 劳务费
- 外包费

销售成本的幅度
- 收益率高的商品
- 收益率低的商品

代表性商品示例

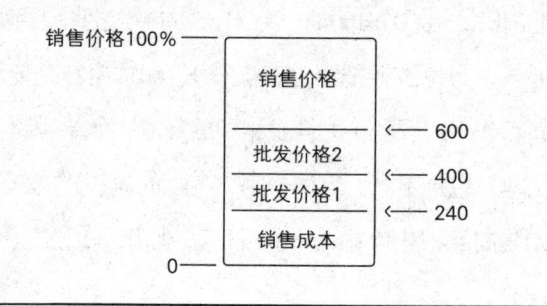

销售价格100%
- 销售价格
- 批发价格2 ← 600
- 批发价格1 ← 400
- 销售成本 ← 240

第 1 章　企业诊断

如果在把握销售成本的构成时一下子去看很多方面，比如商品价格、销售收入和销售成本率，那么就会越看越不懂，因此如果事先把销售价格看作 100%，那就可以避免混乱。

销售成本逻辑

这里我们来确认销售成本的详细构成。销售成本大概可以分为三类，即材料费、劳务费和外包费。不过这并不是一定的，而是会根据商业类型不同而不同。拿 MARUHIRO 来说，由于产地批发商并不拥有窑，所以基本上从窑厂批发时的价格就是销售成本。也就是说，销售成本不包含材料费，只包含外包费。而拿庖丁工坊来说，刀具锻造师在现场锻造，因此锻造师相关费用原本应该包含在销售成本中。但实际情况是，有些企业会把这一费用包含在销售成本中，而有些企业则不会。如果包含，那么应该包含在劳务费中。不过有些企业并没有把这些费用算作劳务费。这样的话，销售成本就会非常难弄明白。这是因为，有时如果只看材料和外包加工费，销售成本率是 60%，而如果把劳务费也算进来，那销售成本率就会稍微高一些。尤其是在工艺的世界，很多情况下，企业凭着自古流传下来的流程就能经营下去，因此我们有必要深入询问，一点点挖掘，否则就难免定错价格。前面我们就反复讲过定价，如果定错价格，就会发生明明销量很好但企业却获取不到利润的事情。如果把销售成本的构成理解错了，那么就会发生这样的事情，因此请务必准确理解。

销售成本的幅度

既有收益率低的商品，也有收益率高的商品。因此我们也需要了解一下相应的状况，看看幅度有多大。这些信息可为定价提供参考。

——Place = 渠道——

销售收入状况

这里我们来看一下各个渠道或销路中的销售收入情况，即确认一下商品都通过什么样的渠道销售，在各种销售渠道中的构成比和收益率。此外，这里我们也一起看看渠道的趋势（销售收入趋势），比如趋势是上升还是持平。

我们要询问客户实施过的方案和策略，以及结果如何，并确认客户的愿望，即今后的经营方向。在思考今后的对策时，这些信息很重要，因此最好通过多年的情况确认一下其中的发展和变化。

Q1. 有无销售管理系统

这里我们确认一下企业是否有销售管理系统。虽然每家企业情况各异，但是我们仍需确认企业是否可以提取销售收入分析所需的信息。这是应确认的一个要点。

如果经营者不擅长使用计算机，那么对于能够用于销售管理的业务系统，经营者可能会完全甩手交给系统负责人，或者虽然安装了程序包，却不会运用。因此企业需要改善一下这种情况，至少做到能够把分析所需的信息立即提取出来。

此外，编码体系也应该是便于分析销售收入的。由于经营者需要具备的销售收入分析的视点已经在某种程度上确定了，所以为了便于把经营者希望了解的信息立刻提取出来，业务系统中应加入经营者的视点。在数据输出上花费时间属于浪费时间，而从人性上来说，复杂的操作很容易让人做不下去，因此我们应该学会灵活运用销售管理系统。

虽然有些企业没有销售管理系统，所有工作都是人工完成，但是如果是年收入超过 5000 万日元的企业，那么笔者推荐安装和使用销售管理程序包。

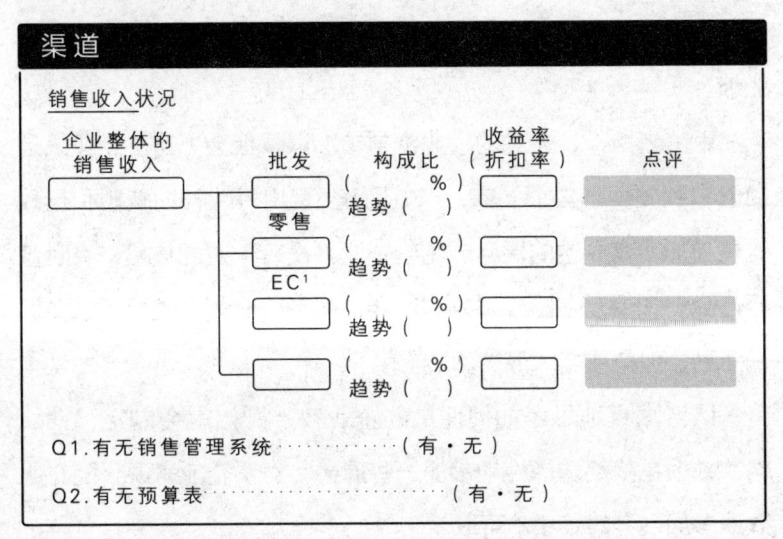

渠道

销售收入状况

企业整体的销售收入	批发	构成比（ ％） 趋势（ ）	收益率（折扣率）	点评
	零售	（ ％） 趋势（ ）		
	EC[1]	（ ％） 趋势（ ）		
		（ ％） 趋势（ ）		

Q1. 有无销售管理系统··········（有・无）
Q2. 有无预算表··············（有・无）

1　即电子商务（Electronic Commerce）。

Q2. 有无预算表

虽然有预算表是理所当然的，但是事实上很多工艺品制造类企业都没有预算表。请务必制作一份按销路划分的月度销售收入预算表。所谓预算表，是经营意志的体现，如果没有预算表，就相当于没有经营。

——Promotion ＝促销——

展会

这里我们来把握一下促销活动的相关情况，即向企业询问其每年参加展会的次数和类型，以及至今为止通过展会取得的实际业绩。

就笔者所知，差劲的企业常常参加很多展会。这些企业只是想着"我要卖出去很多商品"，因此会利用行政补助费用和行政支持参加所有受邀的展会。这些企业并没有一定的战略，有时甚至还会参加很多在国外举办的展会。很多企业都是进行了很多促销活动，但是成交却很少。

认认真真地思考如何促销的企业在一开始就会制定营销战略，并根据战略选择性地参加一些展会。对于企业来说，随心所欲地参加展会的做法不可取。

第❶章 企业诊断

促销	
展会	
商品目录	
WEB	
广告	
减价	

商品目录

很多制造类企业都会制作商品目录。这里应确认一下商品目录的发行册数和成本、更新频率等,比如商品目录在何时以何种形式发布,以及每年发行多少册。并请客户向我们展示包括过去的商品目录在内的商品目录实物。

常见的情况是,随着商品不断增加,商品目录页数越来越多,越来越厚。当然,页数增多的话,成本自然也会增加,因此到了某个时候,就会出现有些商品无法继续添加在商品目录里的情况。但是,很多企业并不会把这些无法继续添加在商品目录中

051

的商品作废。买方常常是通过查看最新的商品目录订货的，因此对于商品目录中没有的商品，买方并不会订货，就像这件商品并不存在于这个世界上一样。这样的话，即便库存中有这些商品，也不可能卖出去。

如果了解了上面那样的情况，恐怕任何人都会冷静地认为"那么今后把那些无法继续添加在商品目录中的商品作废就好了……"，但是实际工作中仍然常常出现上面那样的情况，所以我们必须认真对待。

WEB

这里来确认一下自家企业运营的 WEB 网站和 EC 网站，以及使用的 SNS[1] 等的情况。

我们应询问信息由何人在何时以何种方式更新，以及内容是什么样的，有什么样的效果，是否起到了信息传播的作用。

广告

中小企业可能不怎么投放广告，如果投放了广告，比如通过报纸、杂志或者其他收费媒体，就需要确认一下广告费用和效果。

1　Social Networking Services 的简称，意思是社交网络服务，比如社交软件或社交网站等。

减价

这里我们需要询问减价和优惠等降价促销时的状况。降价促销分为多种情况，比如常规降价促销，或者根据情况只在必要时降价促销，或者某些特定的渠道常年都在降价促销。对于这些情况，我们需要询问相应的规则等。

02 中期经营计划

1 为什么需要中期经营计划

前面我们讲解了如何准确了解企业，并获取了一些信息。接下来，我们在此基础上进入下一阶段，即研究制订中期经营计划的阶段，了解企业应着眼于哪些地方，以及如何实现目标。

所谓中期经营计划，即经营者根据脑海中的意志形成的计划，也就是确定企业发展的大方向，以及3~5年后的预期。这是经营者的工作职责。经营计划中有品牌、商品，因此在制订有关商品和品牌建设的详细计划之前，首先需要确定经营战略，并以中期经营计划的形式体现出来。

市场上既有中期经营计划写作指南这样的图书，也有可供参考的模板，都可以帮助我们写中长期经营计划。但是笔者并未如此拘泥于形式，只是通过两张表格整理了一些必要的项目，分别是定性类表格和定量类表格。笔者认为，一开始只要有这两张表格和月度预算表就足够了。

然后，对于中期经营计划，需要每年修订其内容，并基于前一年的结果制订新一年具体的经营计划。

Ⓐ 经营者的工作职责在于确定发展方向

曾经有人问笔者：在确定企业的发展方向时，应该与员工们一起思考吗？对于这个问题，笔者认为，思考中期经营计划应当是经营者的工作职责。话说回来，大家一起确定企业的愿景这样的事情，原本就不太可能实现。这应该由独掌船头的经营者独自判断和决定。如果经营者自己都没有理解已确立的企业愿景和目标，那么恐怕没有员工会朝着企业愿景和目标努力。

当然，如果中期经营计划已经确定，那么就应该与员工共享，让员工朝着目标努力，这一点非常重要。实际上，中川政七商店会在中期经营计划的每期开头召开中期经营计划发布会，由笔者向员工们直接说明中期经营计划的内容。

中川政七商店的愿景是"振兴日本工艺！"，这一愿景是由笔者一人确立的。正是因为笔者自己完全理解了这一愿景，所以才能把它传达给更多的人。一开始也有人不理解这一愿景，但是当它逐渐被人理解后，就变成了大家的目标。虽然发展方向是什

第 ❶ 章　企业诊断

么都可以，而且也没有标准答案，但是如果确立的发展方向只是众人的意见之和，那么这样的目标就不是任何人的梦想。这样一来，就没有人能真正朝着它努力，甚至连经营者自身都做不到。因此笔者认为，企业的发展方向只能由高层领导确定。

Ⓑ 战略＝应该做的事情的整理

笔者认为，经营者应该思考的事情包括确定大的发展方向，思考并整理应该做的事情及其顺序和时机，确立战略。

所谓整理应该做的事情，就是决定不做哪些事情，即明确有限的经营资源应该分配到哪里，决定下一年度应该做的事情和不应该做的事情。像这样控制企业发展速度也是经营者的工作职责。

Ⓒ 战略和战术

关于战略和战术的不同，笔者觉得无须重新说明，这里来看一下笔者是如何通俗易懂地区分它们的。

- 战略＝决定应该做什么和不应该做什么
- 战术＝思考并决定如何执行

有一点不能理解错，即关于战略和战术的结构关系：战术居

055

于战略之下，先有战略才有战术。这是一种绝对性的主从关系。日常的营业会议上思考的事情多为战术层面上的。而战术之上原本应该存在的是战略。但是相当多的企业并没有战略，或者负责人并没有在正确理解战略的基础上去"打仗"。那样的话工作就会漫无计划，根本算不上是在经营。认真确立战略，并将其列入中期经营计划——这很重要。

在思考战略和战术时，另一个重要的关键点在于"不能把战术上的失败看作战略上的失败"。

战略是企业的大的发展方向，战术是实现战略的手段，我们可以想出很多种战术。即便正确地思考出好战术，也未必总能获得成功。这是因为，世事变化很快，超出预想的事情总是很多。但是，失败时很多人会把原因归咎于战略，像这样的想法就需要我们注意。

深入思考且逻辑严密的战略不能轻易地改变。我们应该修正的是战术。结果与预想不同、事情不顺利就像一日三餐一样正常，失败了就继续思考战术并执行即可。

除了每年一次的中期经营计划的制定时期，笔者不会修正战略。但是，在思考中期经营计划时，笔者会彻底深入思考。一旦确立战略，就只持续执行战术。如果失败时就怀疑和修正战略，那么企业就会迷失方向，也就不会获得什么成果。如果战略正确，那么不久后一定能获得成果。因此，忠实地执行战术，如果不顺利就思考下一种战术，坚定不移地执行即可。

2 中期经营计划（定性）

在思考中期经营计划的定性类战略时，笔者使用的是如下形式，即写着环境、优势、意志、志向、定位、目标的表格。在中川政七商店，这种表格叫作大地图（Grand Map）。

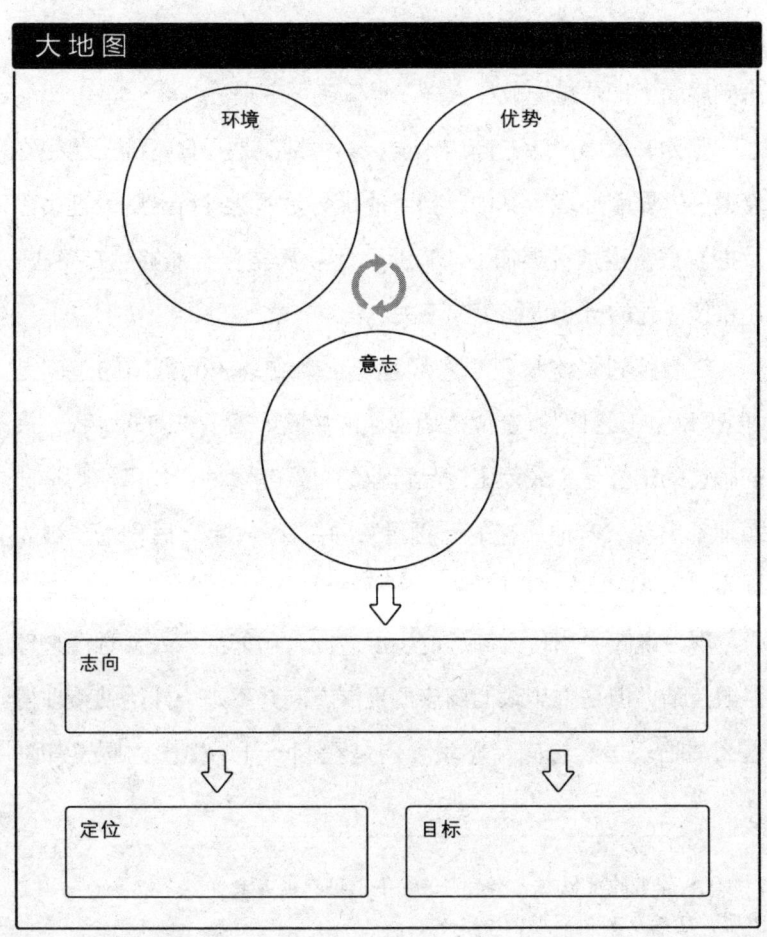

大地图

```
    ( 环境 )      ( 优势 )
           ↻
        ( 意志 )
           ↓
    [ 志向                    ]
       ↓              ↓
    [ 定位 ]       [ 目标 ]
```

057

Ⓐ 重要的是想变成什么样

在中期经营计划的定性阶段，要整理写有企业发展方向的大地图。

定性类的战略即基于通过事前询问了解到的当前环境、市场环境和自身的优势，以及重要的"想变成什么样"这一志向，从志向层面上把"想变成什么样"具体确定下来。

比如，拿中川政七商店来说，具体情况是：日本的工艺正在衰退，这属于环境。其中，自身的优势是能够进行品牌管理，以及拥有直营店这种渠道。志向是，不仅希望自身能够生存下去，还希望所处的行业也能生存下去。

笔者经过多次反复思考环境、优势和意志而得出的志向是"振兴日本工艺！"。定位是用来通俗易懂地表示志向的，我们最初确定的定位是"成为工艺品行业的星野度假村[1]"。目标则是让各地都出现"产地最亮的一颗星"，并且 100 年之后日本能被人称为"工艺大国日本"。

现在说起中川政七商店的发展方向，可能很多人会觉得整理得很清晰，但是中川政七商店的发展方向并不是一开始就整理得这么清晰。虽然志向＝愿景，但是我们一开始提出的愿景却是

---

1 日本著名的度假村，始于 1904 年，现在遍布世界多地，包括东京和京都、巴黎等。

第 ❶ 章　企业诊断

"振兴与日本的传统工艺和制造相关的企业和零售商店！"。

一遍遍地纠结、出错、偏离正轨、混乱……在这个过程中最初的大地图完成，经过打磨和不断升级后，今天的发展方向才得以确定下来。我们目前的愿景是"振兴日本工艺！"。

笔者前面说过，事前询问时要刨根问底地询问客户"想让企业变成什么样"，因为这里进行整理时需要用到这些信息。制订中期经营计划时，我们还需要再次深入询问。

笔者认为，大多数情况下，我们并不能做到把大地图中的所有事项一开始就全都清晰地写出来。这些事项需要在不断尝试的过程中逐步确定，因此可以不用急着一开始就做到完美。

拿 MARUHIRO 来说，总经理的儿子匡平先生[1] 被指定为让企业复兴的核心人物。因此，笔者就"今后想怎么做"听取了匡平先生的意志，结果他告诉我们的是"我不喜欢陶器""我想做跟时尚有关的事情""我想在波佐见开一家电影院"。他还提出了很多其他的希望，既有个人欲求层面的，又有企业层面和社会层面的。

一开始，有这些就足够了。因为重要的在于首先诚实地表达出"想变成什么样"，我们不需要场面话。

---

[1] 全名为马场匡平，生于日本长崎县波佐见市。目前担任 MARUHIRO 股份有限公司品牌经理，负责品牌 HASAMI 和马场商店的策划等。

经营与设计的幸福关系
経営とデザインの幸せな関係

　　像这样一边听取客户的想法一边完善大地图就是本阶段应该做的事情。

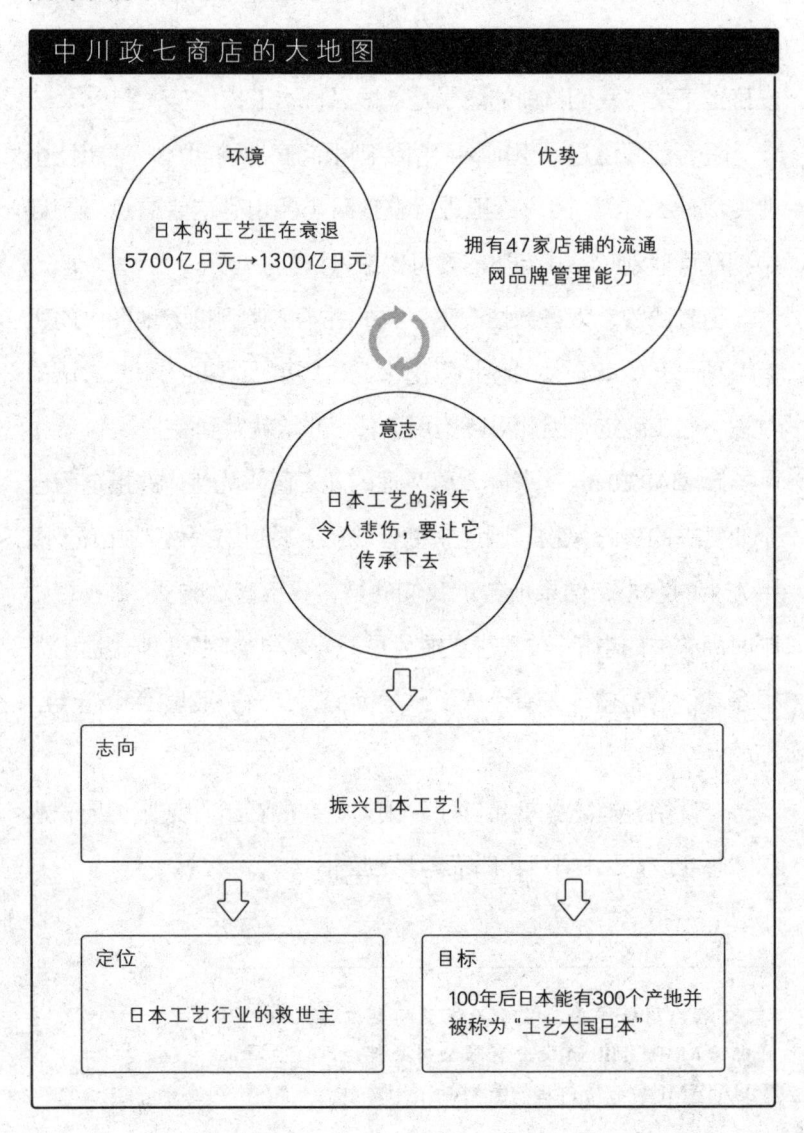

中川政七商店的大地图

环境
日本的工艺正在衰退
5700亿日元→1300亿日元

优势
拥有47家店铺的流通网品牌管理能力

意志
日本工艺的消失令人悲伤，要让它传承下去

志向
振兴日本工艺！

定位
日本工艺行业的救世主

目标
100年后日本能有300个产地并被称为"工艺大国日本"

060

第1章 企业诊断

Ⓑ 描绘目标

明白"想变成什么样"之后，接下来就要思考有关目标的具体场景，并将它描绘下来。这里的关键点在于描绘出一个让人兴奋的具体场景。

刚刚提到的MARUHIRO的匡平先生虽然出身于陶器世家，想做的却是跟时尚有关的事情。当时笔者脑海中闪现出来的是同样位于陶器产地益子町的STARNET这家店。在那家店，运营咖啡店、画廊和商店的却是曾在服装行业工作过的人。

笔者把这个以陶器为出发点而形成社区的具体案例告诉匡平先生后，他兴趣盎然。在这一瞬间，曾被认为风马牛不相及的陶器和时尚有了走近的可能。

于是，笔者为其描绘了宏大的图景：虽然截至目前陶器企业MARUHIRO仍然处于亏损状态，但是当经营走上正轨，能够腾出余力时，就可以开一间极具人气的咖啡店或者电影院，并形成让人向往的社区"波佐见乐园"。这很令人兴奋。但是"波佐见乐园"这一目标不能是纸上的空谈，我们应该实际朝着它努力。

为了明确"想变成什么样"，我们还需要先通过语言把定位表达出来。比如"××就去中川政七商店"就是一种非常通俗易懂的说法。MARUHIRO的目标是"波佐见乐园"，于是我们就把"波佐见的STARNET"确立为了MARUHIRO的定位。

ⓒ **语言越美好力量越弱**

笔者反复说过，不需要场面话。冠冕堂皇的话语无法打动读者的心。"优雅的生活"这句话不能成为我们自己的话，既平常又过于空洞。希望我们试着去找出能让人深受感动的话。

很多人希望让所有人都喜欢自己，所以无论是多么细微的优点，都想写出来。可是让所有人都喜欢自己本来就是一件非常难的事情，所以选择使用那些让人读到的时候感到振奋和兴奋的语言即可。从结果上来说，那样的语言才能让人产生共鸣。

3 中期经营计划（定量）

我们无法用数值计算通过大地图设定的目标，不过如果使用下面这样的表格，就可以用数值设定具体的目标了。仅有定性目标还不行，企业经营不会有任何改善。只有把定性目标用数字以定量目标的形式表示出来，我们才能确定具体的行动。

第❶章 企业诊断

Ⓐ 销售收入和利润的中期计划

说得直白点儿,这一阶段就是通过计划来明确靠什么获取销售收入,即基于从财务报表中分析出的信息把明年必须做到什么样,以及如何做等作为预算写出来。这里需要确定销售收入和销售成本等项目的目标金额,明确各个项目今年各自要达到多少。

虽然这些事情都是经营者的工作职责,但是有时经营者却从没有思考过这些,所以这种情况下,咨询顾问应该从这里开始思考。

如果单纯地只基于前期的销售收入做预算,那么中期经营计划就会不够完善。对于亏损的企业来说,尤其需要注意计算盈亏平衡点并将其填写在表格中。接下来,我们要在此基础上设定目标金额。

此外,预算需要清楚地以数字的形式填写,不能模糊不清。即便只是从便于对中长期经营计划进行回顾和验证的角度来说,也要以数字的形式填写。我们逐步提升精确度即可,所以设定预算时不要害怕失败。

中期经营计划（定量）

		目标	盈亏平衡点
销售收入	批发		
	直销		
	EC		
销售成本			
销售管理费	人力资源费		
	资产减值损失费		
	其他		
营业利润			

⇩

如何实现？　＝　订单

Ⓑ 用多少年偿还借款

对于预算，只要是黑字即可，所以无论设定为多少都可以。在这方面，笔者有一个常用的做法介绍给大家。

笔者的做法即通过思考用多少年偿还借款来设定预算。先确定借款的偿还时间，然后把每年的偿还金额分摊到利润中并计算。

比如，为了便于理解，我们假设有 1 亿日元的借款。那么用多少年偿还借款呢？偿还时间设定为多少年都可以，这里我们假设用 20 年，那么每年需要偿还 500 万日元。这里我们仅说明思路，暂且不管现金流量表和损益表的差异这些细节性问题。

第1章 企业诊断

由于这 500 万日元是扣除税金后的金额,所以我们假设税金是 50% 的话,那么计算可知,如果 20 年内每年都能盈利 1000 万日元,就能偿还借款。虽然这种计算方法简单粗暴,但道理就是这样的。

接下来要把这 1000 万日元的盈利填入定量表的预算中。这样一来,销售收入的目标金额就出来了,我们也就可以分别计算各个销路需要如何实现销售收入了。在此基础上,我们再来思考如何填补销售收入缺口。若有必要,可以考虑计划创建新的品牌,或者尝试凭借现有品牌提高销售收入。

如果计划创建新的品牌,那么这里给出的数值目标即为首年年销售收入的订单。反过来说,如果不制订这个定量计划,那么就无法思考对策,无法创建新品牌、开发新商品。

在这一阶段,关键点在于一定要以数值表示出来。无论是预算还是销售成本率,全都要清楚地把目标数值填进去。然后,一旦确定下来,就与所有的战术相关联,并养成常常回到这一步进行确认的习惯。

关于如何确定预算表,有很多种思路。尽管如此,如果经营者自身不能认真对待,那就不会有任何改善。因此,把偿还借款作为目标,也算是一个很好的促进因素。

笔者认为,借款应该偿还。这是理所当然的。销售收入增加时运转资金就会增加,因此短期借款会增多;投资时,比如开设工厂或者新的商店时,会发生长期借款。但是,那些都是投资,

经营与设计的幸福关系
経営とデザインの幸せな関係

几年后就应该可以回收资金，而随着发展稳定下来，企业运转应该也就可以无须依靠借款了。

有些经营者不太想偿还借款。但是笔者认为借的东西就应该还回去，而且只要好好经营，就有能力偿还借款。

关于借款，父亲曾经这么告诉笔者：借款最多只能是销售收入的一半，如果超过一半那就危险了。实际上，笔者初次接触的咨询案件中，企业借款就大大超过了销售收入的一半。笔者当时觉得很奇怪，为什么银行没有提高利率或者停止向其借款呢？似乎地方上的银行很友善。

在那之后，笔者接触到了各种各样的情况，甚至某企业的借款高达其销售收入的5倍。即便如此，银行仍然没有提高利率，因此严格说来，现实情况是，有很多本该破产的中小企业还在漫不经心地经营着。

这里再次强调一下，中期经营计划是一份重要的指南，我们在一年内会多次回过头来重新审视它。定性表中明确的是企业的愿景和战略，即在何地以何种方式"打仗"，而定量表明确的是预算和数值目标，即"把目标定为多少，靠什么获取销售收入"。如果不制作这样的大地图，那就谈不上经营；如果没有这样的大地图，恐怕就无法找到团队的目标。虽然关于发展方向并没有标准答案，但是通过把握现状，思考并描绘出企业的理想状态，研究制订中期经营计划并每年修正，我们就一定能够接近目标。

第❶章 企业诊断

中期经营计划（定量）示例

第1年

		目标		盈亏平衡点
销售收入	OEM	69	81	77
	自家企业品牌	12		
销售成本	OEM	69×65%	50.9	50（65%）
	自家企业品牌	12×50%		
销售管理费	人力资源费	17		17
	资产减值损失费	0		0
	其他	13		10
营业利润		0.1		0

⬇

订单　　保持现有销售渠道的销售收入
　　　　新建销售成本率50%的自家企业品牌
　　　　销售渠道改为向零售店铺批发销售

首年销售收入	1200万日元
第2年销售收入	2100万日元
第3年销售收入	3100万日元

3年后，企业销售收入1亿日元，营业利润660万日元

⬇

第3年

		目标	
销售收入	OEM	69	100
	自家企业品牌	31	
销售成本	OEM	69×65%	60.4
	自家企业品牌	31×50%	
销售管理费	人力资源费	20	
	资产减值损失费	0	
	其他	13	
营业利润		6.6	

第 2 章

品牌创建

通过第1章，我们学习了如何把握企业现状。接下来我们在第1章已进行的梳理和经营需求的基础上，学习创建新品牌的思路和步骤。

说到品牌创建，恐怕很多人都完全不知道该从何处着手。甚至有些人可能认为品牌并不是自己着意创建才有的，而是后来从别人那里获得的称号。的确，只有得到顾客的认可，品牌才能在真正意义上成为品牌，所以从这个方面来说，"品牌创建"这个词语并不恰当。

不过，有一个词语叫作"品牌建设"，这是一种为了作为品牌得到顾客的认可而主动创建品牌的方法。

本书中针对品牌的思路不仅是就商品的品牌而提出的，也适用于企业和个人。虽然本书的讲解以制造类企业为前提，主要以商品品牌的创建为中心进行讲解，不过基本的思路都是一样的。希望大家通过本章内容掌握品牌创建的根本性思路。

品牌的定义

在正式讲解如何创建品牌之前，我们先来思考一下究竟什么是品牌。所谓品牌，并不是特指知名度很高的国外品牌或者由大型企业制造的高级商品。

第❷章 品牌创建

笔者认为，品牌的定义是"通过差异化的具有一定方向性的形象为商品、服务或者企业带来积极影响的无形资产"。

这一定义的关键在于"差异化"和"具有一定方向性"，以及结果上能为商品或服务带来积极影响。

所谓品牌形象，就是肉眼看不到的软实力。那么，品牌形象产生于哪里呢？它产生于顾客的心中。应该如何从这一点出发去创建品牌，是创建品牌时的关键点。

那么，品牌建设又是什么呢？所谓品牌建设，笔者把它定义为"梳理并准确传达应该传达的事情"。

也就是把自己是谁，制造了具备哪些价值的商品等信息传达给市场和顾客，让他们准确认识自己。这件事听起来非常纯粹和简单，但是做起来却相当困难。

品牌建设和市场营销的区别

虽然从结果上来说，品牌建设和市场营销可能是一样的，但是两者的起点却有着根本性的不同。

- 市场营销＝以市场为起点
- 品牌建设＝以自身为起点

一方面，品牌建设是以第 1 章中多次提及的"自己想变成什么样"这一理想和志向为起点创建品牌，说到底是以自身为起点表达自己。

另一方面，市场营销是通过对市场的分析去探索空白（蓝

071

海，Blue Ocean），然后制造能够成功的商品，获得定位。

品牌建设和市场营销并无对错之分，只是手段不同。品牌建设的步骤是首先从自身出发思考制造什么样的商品，然后确认商品在市场上的定位。

尤其是对中小企业来说，既不能在市场分析上花费成本，以企业规模来说又没有必要制造用来获得大的市场定位的商品。即便只是从这些方面来说，在中小企业，品牌建设也是比市场营销更有效的手段。

关于品牌和品牌建设的大前提讲解到此为止，下面我们来具体看看如何创建品牌。

所谓创建品牌，就是"深入思考并确立作为品牌而应该有的样子"，相当于"前期准备"。如果缺乏前期准备，别说准确传达，甚至应当传达的事情都不存在，因此我们将通过如下3个阶段认真构建应当传达的事情。

<品牌创建的3个阶段>

・建立品牌

・组合品牌

・完善品牌

01 建立品牌

所谓建立品牌，相当于确定品牌的立足之处和大的方向性的设计图。关键在于在中期经营计划中确定的需求的基础上，思考创建什么样的品牌才能实现那些需求。笔者觉得，很多品牌的创建都缺乏经营性观点。

在这一阶段中，我们将思考如下 8 个要素。

①细分市场

②单品品牌还是综合品牌

③解决问题

④用"原始论"思考

⑤发挥优势

⑥渠道

⑦价格

⑧设定目标

通常来说，在创建品牌的时候，需要思考这 8 个要素。为了便于大家看清，笔者给这 8 个要素编了号码，不过编号并非顺序号，我们不是必须从①开始按照顺序思考，也不是必须把这 8 个要素全都考虑了才行。

只不过，在思路不畅或者停滞的时候，大家如果以这些要素为切入点思考，可以更快地找到突破口。因此请大家把这些当作一种思路。这些要素看起来很细致，在还未习惯的时候，大家不要靠一时的想法去做事，而应该一个个认真地分析这些要素，这样才能创建出好的品牌，所以我们要坚持不懈地踏实思考。

1 细分市场

自己是谁

细分市场是市场营销中的术语，指的是以某种标准为市场和顾客划分类别。这里指的是通俗易懂地定义"自己是谁，自己在哪里"。

比如，拿第 1 章中经常出现的 MARUHIRO 的案例来说，自己不是 MARUHIRO，而是波佐见陶器。

这是因为，我们在思考优势时，未能找到 MARUHIRO 具备的优势，而在梳理竞争关系时发现产地波佐见是具备优势的。我们还可以像这样通过 SWOT 分析法分析出的自身优势定义"自己是谁，自己在哪里"。

位于高知县安艺市的另一个品牌 STRAWFARM 把自身的品牌定义为"高知县的"木工品牌。这一品牌以高知这一县名为分母，而没有以安艺、四国，甚至日本为分母。以最合适的细分市场来表达自身的优势，关键在于扩大或者缩小自身。

××就选自家企业

此外还有一种方法，就是在应该占领的细分市场上传达出"成为最先被想起的品牌"。比如"××就选自家企业"这样的表述就可以很轻易地让人们清楚自己希望在哪个细分市场上获得定位。

位于兵库县丰冈市的 BAGWORKS 就为了获得在工作用包这一细分市场上的第一名的定位而宣传说"工作用包就选 BAGWORKS"。BAGWORKS 的实际工作是接受各种职业和工种用包的订单并制造工作用包，因而便创造出了工作用包这一前所未有的细分市场，并宣布在这一市场上打拼。

已有 420 年悠久历史的香铺京都薰玉堂并不仅仅是一家经营线香的老店，而是香类综合品牌，为了明确这一点，薰玉堂选择了"日本最古老的香类调制处"这一宣传语。

"香类调制处"一词包含着把薰玉堂的细分市场定义为考究的调香类综合品牌的意义。自己是香类调制处，而非香铺——像这样通过对词语准确度的把握明确细分市场，该品牌需要有哪些商品也会自然而然地被定义出来。

2　单品品牌还是综合品牌

这里，单品品牌指的是产品品种单一的品牌，而不是仅有一件商品的品牌。综合品牌指的是由多个品种的产品构成的品牌。比如，如果只经营扇子，那就是单品品牌；如果除了扇子还经营香料或者陶器，那就是综合品牌。

扇子在冬天的销售形势很严峻，那么是不是改为同时经营其他产品的综合品牌更好呢？笔者认为那倒未必。像下面这么想会更容易理解：创建品牌就像放置一个空杯子，向杯子里注水，水位越高品牌越好。那么放置一个什么样的杯子才能更快地让水位升高呢？答案是放置一个底面积较小的杯子。这样的话，相同水量下，底面积越小水位就越高。可以说，水量代表品牌活动和销售收入，水位的高度代表品牌力量。

综合品牌就像是底面积较大的杯子，单品品牌就像底面积较小的杯子。注入相同的水量后，综合品牌的水位就不如单品品牌的水位高。因此要论单品品牌和综合品牌哪一个更好，按这个理论来讲，答案是单品品牌。也就是说，单品品牌的底面积更小，因此作为品牌来说，更容易被认知，更容易出成果。而综合品牌需要付出更多时间、忍耐力以及企业实力，才能看到结果。

单品品牌和综合品牌的区别

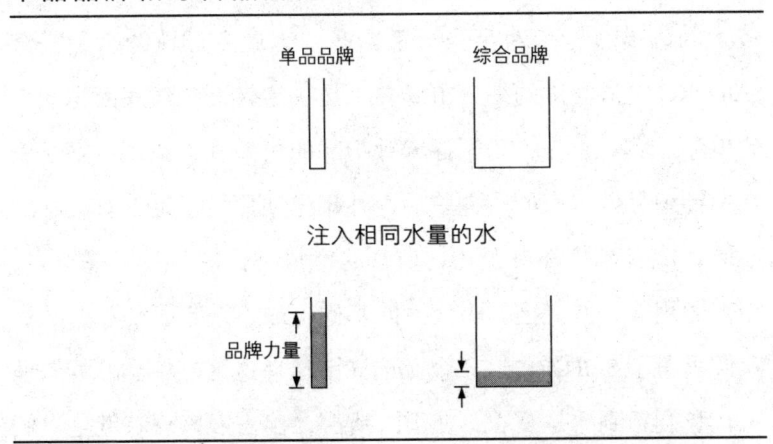

单品品牌　　　综合品牌

注入相同水量的水

品牌力量

不过,这里想说的并非哪一种更好,而是我们有必要在理解这些特性的基础上,以经营需求为基准进行战略性判断,在选择综合品牌时做好思想准备。

选择产品的重要性

如果选择单品品牌,那么产品的选择就非常重要了。选择单品品牌后,已经确定的产品就不能改变,因此企业需要在充分思考各种因素的基础上做决定,比如销售收入的规模、季节特性等市场性,竞争现状,以及如何发挥自家企业的优势。

此外,在选择单品品牌时,需要给出该企业选择某单品的理由。虽然没有理由也能创建单品品牌,但是人们常常需要一个该单品值得选择的逻辑去支撑品牌。

拿位于新潟县五泉市的针织品企业 SAIFUKU 的案例来说,

他们当初提出希望创建针织类杂货品牌。杂货象征着底面积较大的领域，竞争对手一下子增多，因此我们认为杂货并非SAIFUKU应该尝试的细分市场，于是决定转而创建底面积较小的单品品牌。首先，为了探索针织品的可能性，我们考察了能够用针织品做出来的有趣单品，并相应地探讨了是否有很好的市场，现有品牌都有哪些，自身的优势是否能真正发挥出来，能否通用等，并在把握时代性的基础上最终选定了斗篷。然后我们思考了SAIFUKU这家企业选择创建斗篷这一单品品牌的理由。我们想到的是蓑衣。在雪国新潟，自古以来蓑衣就是人们用来防寒防雪的生活用具。来自雪国新潟的SAIFUKU树立斗篷这一单品品牌的理由就在这儿。斗篷即现代社会中的蓑衣，于是品牌名也就确定为 mino[1]。虽然 SAIFUKU 创建蓑衣品牌的理由是确定创建这一品牌之后才思考出来的，但是一经明确，品牌就有了深度，而且连品牌名都确定了。

3 解决问题

有一种模式是，通过解决来自客户或者客户所在行业的问题让品牌轮廓浮现出来。

1　mino 是日语「蓑」一词的罗马拼写，意即蓑衣。

第❷章　品牌创建

在对位于新潟县三条市的庖丁工坊进行询问时，笔者听他们讲解了多达 900 种刀具。笔者当时就想，作为普通的外行人，"这么多种刀具真的没法儿选，只把我真正需要的刀具告诉我就行。"于是，分析这个问题后，面向普通家庭的"必备的 3 把菜刀"系列诞生了。这个案例就是有关解决问题的。

而拿兵库县的大塚和服店的案例来说，我们是以"和服行业存在的问题"为切入点思考的。远离和服的现象越来越多，因此和服行业显然是一个夕阳产业，尽管如此，和服店也不可能抛弃和服。为了打开新路，我们仔细调查了和服行业存在的问题，发现了很多和服行业的问题点和消极意见。

很多消费者心中的消极印象中都有"不知道价格"这一条，这是购买的一大障碍。大塚和服店希望得到年轻人对和服的喜爱，所以我们提出的解决办法就是导入 Three Price（三级价格）这一透明的会计体系。虽然在眼镜等行业，这已经是理所当然的了，但是在和服行业，这一想法还是前所未有的。

在和服行业，除了和服和腰带，还有很多和服必备的小物件，让人们觉得似乎需要花很多钱。通过设定透明的价格，顾客更放心，于是购买门槛很高的印象便一扫而光。

因此，年轻的目标人群得知这一点后，就可以放心去购买了。最后，他们在车站商场和时尚商场做的活动迎来了盛况，而且在 LUMINE 新宿店以租赁的形式开新店的梦想也实现了。

4 用"原始论"思考

所谓"原始论"就是把视点转向根本性的方面，比如"这个产品最初是何人在何时做成这种形状的"，或者"一开始是为了何种目的以何种理由存在的"这样的历史背景和途径。

尤其是，凭行业内的常识或者惯例思考时会漏掉一些问题，所以重要的是，用全新的眼光重新看待自己所在的企业。最好关注一下那些站在顾客的角度感受到的朴素的疑问或者不满。

拿位于福井县鲭江市的漆器企业漆琳堂的案例来说，笔者是从"漆最初为什么会被人拿来用呢"这一点展开思考的。原始时期，漆是作为硬化剂来使用的。人们以前喝水的时候使用的是木头做成的工具，但是这种工具不久就会破裂，这曾是一个难点。于是就有人发现偶然用漆涂过的地方不容易破裂了，后来，漆具有了装饰性意义并发展至今，但是最开始它只是一种硬化剂。

于是，我们回到漆最初的功能，制造出了拭漆（只把漆作为硬化手段并尽可能少地涂漆）的木碗。

5 发挥优势

关于优势，笔者在第 1 章客观性的重要时就已经讲解过了。首先需要确认一下优势是否已经成为打动顾客的关键点。普通人听到就觉得很厉害的特点就可以看作真正的优势。

另外，有些优势通过客观观察才能看出来，比如客户一下子看不出来是优势的特点，如果让外人换个角度再看，有时也可以转换成优势。

拿BAGWORKS的案例来说，沉睡在仓库中的以前通过OEM制造的工作用包样品保存就是这样。BAGWORKS这家企业存在一个问题，即没有策划设计负责人，因此不能设计新的包。但是，在发现这些样品包之后，笔者灵机一闪，觉得这些样品包可以拿来代替使用。

对高岛茂松先生来说，这些样品是过去的资料，他并没有把它们看作某种价值和优势，不过一丝不苟的高岛先生整洁有序地保管着的这些样品在笔者看来就像宝山一样。在这一瞬间，过去微不足道的样品成了"具备很多设计资源"这一优势。

必须能够传达给顾客

这里来看一下另外一个客户，即位于石川县的合成纤维制造企业KAJIRENE[1]。这家企业擅于制造质地轻薄的布料，而且客户也认为这是他们自身的优势。但是这一优势在顾客看来就只是布料质地轻薄，而并没有更多的价值。这种布料只有转变为某种东

---

1 即日本カジレーネ株式会社，主要经营合成长纤维织物。

西才会成为优势。因此，如果没有"使其成为某种能让人感受到其价值的东西"这个过程，那么无论这一布料的原材料如何美妙，也只是一种材料，不能成为品牌。

那么，如何才能让它变成顾客能够感受到的优势呢？我们想到的是旅行装备。如果是在旅行的场景中，轻薄就会成为优势传达给顾客。通过让客户内心对其产生认同，这一优势才能成为真正的优势。

如果不把自家企业的优势翻译出来，即把材料的价值以"顾客能够体会到材料上的优势是一种价值"的方式体现出来并传达给顾客，那么我们就无法找到这家企业真正的优势，那质地轻薄就只能是优势的种子。

6 渠道

渠道胜于目标

在考虑渠道时，市场营销中常常使用的是目标营销，即考虑目标人群在哪里，职业是什么……笔者认为，这对大型企业的商品开发很有效，但是对于中小制造类企业来说，从商店的角度去考虑比设定人群目标更好。所谓人群目标，即详细设定虚拟人物，比如在吉祥寺独居的喜欢瑜伽的32岁办公室白领等。但是，说实话，设定了人们也搞不懂，而且难以让人想象。尤其是经营生活杂货的话，情况与时尚类不同，很多情况下，目标人群的范围更广，而且不分男女老少都需要经常使用。因此精准的目标人群设定并没有什么意义。

实际考虑渠道时，如果从商店的角度考虑，可以看得更加真实，因此更便于想象，也更便于我们考虑商品。

想把商品放在什么样的店

我们一般在咨询的早期阶段就会向客户询问"想把商品放在什么样的店"。这与后文即将讲解的价格也有关系。实际上现实中常常出现这样的事情：明明客户回答想放在新宿的伊势丹[1]，但是他们制造的商品价格却比百元店的略贵一些。我们稍微一想就知道这很奇怪。

想象一家商店不光是在脑海中勾勒销路和顾客，还跟定义商品价格有关。因此，笔者建议不要通过目标人群去考虑，而要以商店为例考虑品牌。不能一个一个地分开考虑，而要从各种各样的角度把各个方面关联起来，保持一致性。

上面提到"以商店为例考虑品牌"，那么大家对商店有多少了解呢？在进行咨询时这一点也很令人吃惊，因为实际上不了解商店的企业是多数。可以说，不了解商店却销售商品的情况不在我们的讨论范围内。这是因为，他们虽然制造商品，但却既想象

1　始于1886年的日本大型百货公司。

不出商品最终摆放在商店里的情形，也不了解商品到达顾客手中时的环境和最新的流行情况。

即使从培养品位这部分来说，参观最新的商店也是必要的。大家应该抽出时间实地去店里看看，可以从店里发现很多事情。虽然有时候最前沿的商店只在东京才有，但是通过杂志和网站调查，应该也可以获取信息。请大家记住，不了解商店就销售商品是难以持续下去的。此外，通过参观商店和商品，我们还能培养自己的商品开发能力。

Good Design Company 的法人代表水野学[1]先生在《品位始于知识》[2]这本书里说过，品位并非从天而降。参观足够多的商品和商店后，信息就会成为知识，最终形成品位。

7 价格

与渠道的一致性

下面这一点也与想象一家商店相关，即确认将创建的品牌价

1　日本著名设计师，熊本熊、ANA 和 UNIQLO 等的设计者，1999 年创建 Good Design Company。
2　原书名为『センスは知識から始まる』，中国大陆尚无中文版。

格设定是否与渠道相匹配。

比如，一家拥有超强技术制造背景的企业，希望制造能在商品价格较低的商店销售的廉价商品，那么不用多想也能知道，价格一定是不匹配的。这样的企业不应该以低价商店为渠道，而应该寻求与自家企业的制造背景相匹配的渠道。

是否是自己愿意购买的价格

在思考价格的时候，关键的确认点在于设定的价格是否是自己愿意花钱购买的价格。如果只是把销售成本累加起来进行思考，那么有时候价格设定就会与大众的感受脱离。如果价格设定方面出了问题，即便用心制造了很好的商品，这些商品也无法按照我们的预期到达顾客手中。或许有人觉得这都是理所当然的，不用说也都明白，但是实际上有时候这些也会被遗忘，或者即便价格设定得奇怪也仍然被无视。因此，笔者也把这一点作为基本事项列了出来，希望大家能够记住。

8 设定目标

让大家热情高涨、兴奋起来

就像笔者在第 1 章中讲解的目标设定那样，在提出"大家一起加油吧"的时候，如果有一个令人兴奋且简明易懂的目标，那么项目就会更容易进行下去。比如"一年后在新宿伊势丹的自动扶梯前好好办一场××样的活动"这样便于人们想象的场面，或者简单易懂的目标。虽然完成这样的目标非常困难，但是"通过努力奋斗就能实现的目标描绘出让人热情高涨的未来图景"，可以在我们感到困苦的时候为我们助力，笔者认为这很重要。

一般来说，这个阶段还看不到希望，内心会有各种各样的不安，比如人们会去想"那样真的能卖出去吗""这样真的行吗"。如果不消除这种不安，目标就无法实现。为了让大家真正为实现目标而努力，在建立品牌的阶段咨询就要描述这样的目标。有时根据人数不同，情况也会不同，不过像这样相当于通用语言的目标能够让大家热情高涨，而且容易传达给相关成员，提高大家的工作动力，因此要事先设定目标。

提出口号

设定令人热情高涨的目标时，提出口号也是一个重要的要素。

在中川政七商店东京事务所的招待宴会上，笔者谈了自己对未来的展望。那时笔者提出了"振兴日本工艺！"这一自家企业不可动摇的愿景，并谈了让笔者想到这一目标的日本的产地现状。产品制造的大环境并不好，不过笔者相信现在行动还来得及。笔者希望在"振兴日本工艺！"这一目标的指导下，通过各种对策拯救产地。如果日本的300个产地在100年后仍然能够存在，那么日本是不是就有被称为"工艺大国日本"的那一天了呢？

这里笔者以目标的形式提出了"工艺大国日本"这一口号。听到这句口号，想必每个人脑海中浮现的都是更好的工艺行业。这就是提出口号。

如果口号是"让工艺行业更好"，那就难以给人留下印象，也就无法期望口号传播下去。通过把口号定为直指人心的"工艺大国日本"，其印象就会一下子烙印在人们心中，并令人难忘。

02 组合品牌

在建立品牌的阶段，我们确定了"想要建立××样的品牌"，比如通过确定自己是谁决定了细分市场，并且选择了是创建单品品牌还是创建综合品牌，以及制造什么样的商品，把商品放在什么样的商店里，价格如何设定，也就是说大的方向已经确定了。

接下来，我们在此基础上来看看品牌的具体内容。完善品牌内容的第一步就是把品牌组合起来。

所谓组合品牌，即讲述作为品牌"骨骼"的故事。如果"骨骼"不够结实，那么无论后期如何填充"肌肉"，品牌都不会具有深度。

　　在这一阶段，我们需要用到"组合套件"这种工具。实际上，笔者最开始只是自然而然地做商品策划，创建品牌。状态好的时候就会做出很好的策划，状态不好的时候策划就会很普通，其余的事情就靠设计师努力尝试。这种做法没有一定的规则。那么差距在哪里呢？笔者思考了策划做得好和做得差时的差异，发现以下4个方面总结得好的时候，品牌组合得就好。

- 志向
- 故事
- 品牌特质
- 品牌理念

　　好的商品和好的品牌在这4个方面做得就很好。不过对于志向、故事、品牌特质和品牌理念，并没有固定的思考顺序。我们可以在想到其中一方面之后，以其为起点发散性地思考、联系，最后全都考虑到。这样可以得到很好的结果。这一阶段的关键在于要一边不断思考一边提高准确度。

第❷章 品牌创建

组合套件（品牌篇）

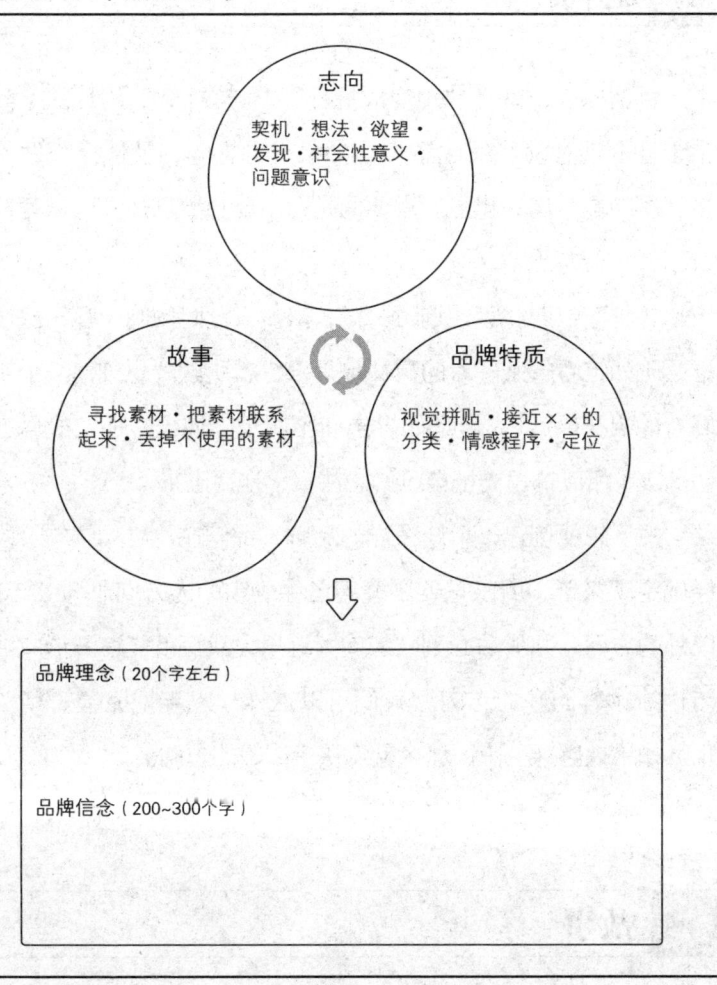

志向
契机・想法・欲望・发现・社会性意义・问题意识

故事
寻找素材・把素材联系起来・丢掉不使用的素材

品牌特质
视觉拼贴・接近××的分类・情感程序・定位

品牌理念（20个字左右）

品牌信念（200~300个字）

089

1 志向

所谓志向，就是"想变成这样""想这样做"的想法，其产生于社会性意义和问题意识。如果没有志向，就什么都做不下去。志向是一切的起点。重要的是，不要想着从一开始就写好的方面。

与制订中期经营计划时一样，很多人此时倾向于写一些场面话，比如，看起来好看的男袜总是很少，所以"想创建一个制造好看的男袜品牌"。但是如果志向不属于任何人，那么最后就无法落实，所以这里要把自己的想法直率地写出来。

关于想要创建一个什么样的品牌，我们在建立品牌的阶段已经确定下来了，所以只要围绕着已经确定的大方向思考"志向"以外的方面，并最后回到"志向"这里，我们就能逐渐形成能够传达给顾客的好的志向。我们可以这样一点点地完善、精益求精。如果缺乏这一步，那么就无法形成好的志向。

2 故事

所谓故事，在这里指的是一个能够作为品牌来源的好故事。

所谓好故事，就是容易传达给别人的、具有独特性、有趣的事情。听故事的人会饶有兴趣地听下去，或产生共鸣，或表示赞同，或成为粉丝。这样的才是好故事。如果人人都觉得有趣，那就证明故事条理通顺，其中出现的方法和各种要素相一致，逻辑上没有破绽。

企业、品牌和商品都应该分别在各自的层面上有一个充实的好故事。如果把各个故事分解，会发现故事是由若干个具体事实连接而成的。不把这些事实逐条列出，而是以恰当的顺序连接起来，我们就可以得到一个故事。

那么，故事应该如何写呢？首先需要做准备，从寻找故事的素材开始，即寻找形成故事的一颗颗种子。

下面我们来彻底调查一下品牌的历史，比如究竟为什么会是这种形式，为什么会产生这样的商品，并了解一下其他的相关信息。我们可以去当地人并不去的资料馆看看，或者发掘一下沉睡在企业内的旧资料，总之就是要收集大量信息。这里调查得到的事实就是用来形成故事的素材。

接下来，我们要把这些素材联系起来，形成一个故事。或许这么说会让人觉得需要有品位才行，其实并不需要，因为我们只要把这些素材放在一起看一看，就自然能看到互相之间的联系。接下来就要尝试各种各样的组合，并尽可能地写一个充实的好故事。此时重要的是，不要把素材全部用完。有些素材肯定是故事中不需要的，那就应该扔掉。如果强行联系起来，那么故事的条理就会不通顺。

如果各个要素通过独特的文章脉络紧密地联系起来，形成了一个故事，那么品牌背景就会更具有说服力，更具有故事性。如果听到这个故事的人们给出的反应是"噢噢""原来如此啊"，那就证明这是一个好故事。

3 品牌特质

每个品牌都有着品牌特质。商品、商店、网页、销售员工……与品牌相关的所有要素都在表达着品牌特质。如果要素之间是完全分散的，那么品牌特质就不会产生。因此，我们必须采用各种手段，让所有相关人员具备相同的品牌特质（即共有品牌特质）。

共有并表达品牌特质的方法有几种，下面列举出最常使用的3种。

Ⓐ 接近××的分类

第一种方法是水野学先生提倡的"接近××的分类"。这种方法是从"接近××"的角度根据感觉和直觉为某一对象（商品）分类的方法。根据这个方法，我们可以明确大多数人是如何看待某个对象的，即人们现在的感受值（社会共识）。

在制造商品时容易落入的陷阱之一是过于差异化。如果过于希望创造世界上并不存在之物,那么就会诞生人们无法识别之物。

比如,袜子接近什么呢?从接近北半球还是南半球来说,应该是接近北半球;那么从接近欧洲还是美国来说呢?我们可以像这样从地点来思考某个对象接近什么。我们最终得到的结论是,袜子更接近东欧。或许世上大多人都认为袜子更接近西欧,但是笔者认为,这种程度的偏差仍然处于合理的差异化范围。

当然,通过创造前所未有之物催生新的市场或者凭借全新的想法一下子实现逆转的事情也不是没有。只是,这就像是一场大赌博。要想制造能够得到大多数人支持的商品,重要的是保证结果不过分地偏离这些人的感觉。无论哪种情况,了解本质和大众的感觉仍然是有益的。

Ⓑ 形象拼贴

所谓形象拼贴(Image Collage),就是收集并梳理与自己在脑海中描绘出来的形象相近的视觉形象,使品牌的轮廓浮现出来。

虽然定位图也是用来与其他人共有的工具,但是形象拼贴会大量采用视觉形象,这样能使我们更加直观地去摸索品牌特质和品位。

笔者在思考故事的过程中无意间想到了自己想做的事情,但是笔者不是设计师,不会把脑海中的形象描绘出来,不会把想法体现在商品的设计上。形象拼贴就是用来表达出脑海中的"感觉",用来与设计师和其他相关人员共有这一感觉的方法。

方法很简单,首先是准备各种杂志。杂志范围要尽可能地广泛,最好也准备一些平时不会去看的杂志。然后随手翻一翻,看看其中与自己脑海中的品牌形象相近的照片,花费1~2秒判断并剪切、收集起来。对于那些与自己脑海中的形象略微不同的照片,我们也应该剪切、收集,可以把这些照片归到"略微不同的类别"。这就是前期准备。

此时的注意点在于,不能收集自己想要创建的品牌即将经营的商品的照片。比如,如果想创建扇子品牌,那么就不要收集扇子的照片。这是因为,商品的照片并不是品牌形象,而是商品形象。我们应该尽量收集不同类别的视觉形象。只要是与自己想象的品牌形象接近的照片即可。当我们收集了足够的照片之后,下一步就是转换思路,为这些照片分组。只要认真看看这些照片,思考为什么选择它们,我们就会慢慢发现倾向性。这样一来,我们自然就能为这些照片建立各自所属的小组。

笔者在创建"粹更[1]"时就做过形象拼贴。当时笔者一边下意识地收集照片一边仔细观察,发现构图上左右对称的照片较多,而左右不对称的照片很少。于是笔者建立了一个名为"左右对称区域"的小组,此外还建立了一个名为"质感区域"的小组并把

---

1 中川政七商店某个系列产品的品牌名称。

第 ❷ 章　品牌创建

豆腐和闪亮的玻璃等归在了这一组。

笔者之所以能建立这些小组，是因为脑海中进行了某种分析，所以也就能找出恰当的词语，因此才能用一句话为各个小组命名。

在收集和梳理的阶段，来自外人的支持是很有益的。如果一直都只有收集照片的人在思考，那么无论怎么做，也都只是从自己的角度去思考的。最好能够请别人帮助我们客观地分析和用词语形容。

笔者在波佐见提供咨询帮助时梳理了匡平先生收集的照片。当时发现，其中有很多旧时的沃尔沃和卡车那样不规则的照片，以及室内装饰照等零星散落着的照片。此外还有彩色的照片和"小笨蛋"这样的照片。笔者当时帮助润饰了一下词语，比如"不规则"改为了"张牙舞爪"，而"零星散落"改为了"杂乱"。最后，这些词语还被放在了描述品牌理念的语句中。像这样梳理品牌形象并提取出词语就是形象拼贴的任务。

Ⓒ **情感程序**

另一种方法是情感程序。这是概念家坂井直树[1]提出的情感营销方法。这种方法与定位图一样，建立了横轴和纵轴，纵轴表示

1　概念设计大师，1947 年 9 月 20 日生于日本京都。著作有《设计的深读》《设计的图谋：改变世界的 80 个日常创意阴谋》等。

经营与设计的幸福关系
经営とデザインの幸せな関係

年轻人／成人这样的精神年龄，而横轴表示保守型／革新型这样的感性态度（品位和喜好）。

在情感程序中，由横轴和纵轴构成的矩阵中有 9 种类型的区域。我们可以看到正统派、考究派、自由派、现代派、表达派、传统派、超级传统派、日常派和故事派等感性类型的人们喜欢的定位。

情感程序

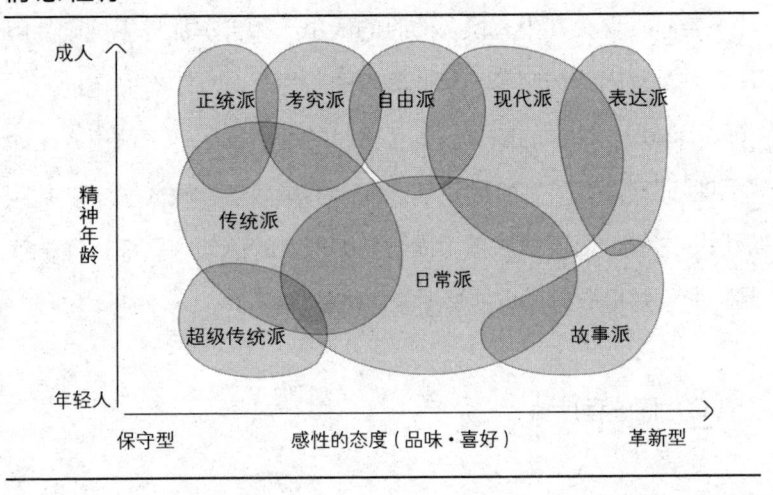

```
纵轴：精神年龄（成人 ↔ 年轻人）
横轴：感性的态度（品味·喜好）（保守型 ↔ 革新型）

区域：正统派、考究派、自由派、现代派、表达派、
     传统派、日常派、超级传统派、故事派
```

摘自坂井直树《情感程序的圣经》

关于具体内容，请大家通过坂井先生的书去了解，这里不再赘述。书中讲解了每种类型的人分别喜欢什么样的商品，以及他们各自的价值观和兴趣、教育水平等，有助于我们了解顾客的类型。此外，书中还指出了各个行业的产品和品牌的定位，我们可

以据此比较一下自家企业的定位与其他行业内的哪个品牌接近，这对我们说明自家企业的定位非常有帮助。

4　品牌理念

吸引人的话语

品牌理念即表示品牌核心的话语。前面我们思考了志向、故事和品牌特质。品牌理念就是根据具有一致性的前 3 个方面汇总而成的一句话。通过形象拼贴和组合，我们脑海中会浮现出很多词语。把这些词语梳理、浓缩得到的就是品牌理念。对于品牌理念来说，吸引人的话语才是重要的。如果只是罗列泛泛的表述或者常见的词语，那就无法传达出什么有用信息。我们要仔细思考作为品牌核心的话语，逐步提高准确度。字数在 20 字左右为宜。

没有故事性和背景性的事情不能使用

话说回来，如果志向、故事、品牌特质和品牌理念之间相互一致，能够毫无逻辑破绽地形成一个故事，那么这个故事应该就是一个出类拔萃的好故事。而如果这里无法顺利形成一个故事，那么就算创建出了一个品牌，品牌也不会有什么深度。品牌需要传播，如果品牌没有值得讲述的背景，那么人们就不会认可这个品牌，也不会产生共鸣，品牌也就不会成立。可以不夸张地说，能否在组合品牌的阶段把品牌梳理好决定着品牌是否能成功。笔者认为，到了这个阶段就成功了七成，品牌的成功与否取决于这一阶段。

这里再次说明一下，反复思考志向、故事、品牌特质和品牌理念这四个方面是为了确保一致性。顾客很少会在一开始就了解品牌故事。大多数情况下，顾客一开始接触的是商品。但是，当顾客以商品为契机对品牌产生兴趣，进而通过浏览网页深入接触品牌时，顾客对品牌的兴趣是否会发生改变就取决于品牌组合得好不好了。这才是品牌的深度，是品牌重要的部分。要想让品牌有深度，就要在这一阶段坚定地提炼出一个好的故事，并最终完成品牌的创建。

5 品牌信念

所谓品牌信念，就是说明品牌真实情况的 200~300 字左右的文章，一般出现在品牌理念的后面。此时，用于组合的志向、故事、形象拼贴等中出现的词语也能发挥作用。对品牌产生兴趣的顾客会阅读这篇文章，因此为了让顾客更加理解品牌并产生进一步了解品牌的想法，这里我们就要认真地把背景和故事传达给顾客。当然，词语的准确度仍然很重要。我们要注意根据品牌特质选择词语、组织文章，缜密地组合词句。

03 完善品牌

前面讲解了建立品牌、组合品牌，下面就进入最后一道工序——完善品牌。这里我们一起看一下顾客实际看到和听到的品牌名和 Logo 的图形设计，以及噱头的表现部分。

1 命名

品牌名是品牌沟通（Brand Communication）中的一大要素，顾客一定会看到。所以，笔者认为如果可以的话，起一个能够让人联想到品牌情况的名字比较好。也就是说，命名可以具有幽默性，也可以是联想游戏。如果命名失败了，顾客可能会对品牌有不同的理解。此外，品牌名一旦确定，以后就无法改变了，因此命名应该慎重。不过从联想其品牌故事和商品的角度来说，像联想游戏那样发散性地命名或许会更好。

前面提到的斗篷品牌 mino 的命名等就是与品牌故事和商品本身相关联的。

此外，"木碗和家"这个品牌名不仅直白地表现了品牌的实际情况，还把木碗特有的品质也表现了出来。

虽然这个品牌名非常直白，但是品牌名在品牌沟通中占有很

经营与设计的幸福关系
経営とデザインの幸せな関係

大比例，而且笔者认为品牌名如果与品牌和商品没有关系，无论多么好听都非常可惜，所以笔者的命名大多较为直白。

mino

命名源自雪国的斗篷"蓑衣"→ mino。为了让这一品牌名不成为搞笑的品牌名，保持时尚性，所以我们设计了这样的 Logo，以便大家通过图形联想到蓑衣。

让人看到也记不住的外语，或者根本就让人看不懂的词语纯粹是一种浪费。命名的思路各种各样，笔者觉得联想和幽默有时也是一种重要的命名方式。

这里还有一件重要的事情，就是听到品牌名后对方感觉如何。如果我们不想取一个搞笑的品牌，但是大多顾客听到后都觉得品牌名很搞笑的话，那就是品牌沟通中的失误。我们之所以没有用"蓑"代替 mino 这个名字，是因为没有顾客会购买品牌名为"蓑"的斗篷，甚至连我们自己都不想购买。我们要预测这种情况下的对策，以及如何传达，别人会如何想，然后最终确定品牌名。

2 Logo·图形设计

关于品牌的基础图形设计，比如 Logo 和 Logo 符号的设计，笔者强烈推荐大家委托给外部的设计师。这是因为，Logo 和 Logo 符号对品牌形象的影响远超大家的想象，我们应该严格追求其准确度。

图形设计事务所的设计师和企业内以商品开发为主要工作的设计师有着不同的经验。因此设计师的选择很重要，详情将在下一章介绍，请大家参阅下一章。

3 噱头

这里说的"噱头"是指有趣的小花招，我们可以细心地设置一些小花招，通过在某处设置的引子让人了解品牌，进而让顾客产生"噢噢""原来如此"这样的想法。这也是创建品牌的手段之一。

一切都是品牌沟通。无论品牌组合得多么好，都有可能无法传达给顾客。那么如何才能把品牌传达给顾客呢？为此我们需要思考各种对策。

BAGWORKS 以工作用包为概念，其制造的商品的名字并不是像 TOTEBAG（手提袋）这样的普通名字，而是 MILKMAN（牛奶人）和 WIREMAN（电线人）这样别具一格的名字。虽然人们不会把牛奶配送员叫作牛奶人，但是把所有商品都命名为"××人"的话，大家就可以通过职业名联想到工作，这就是一个引子，是让大家知道并理解品牌的契机。

商品名能够让人通过职业联想到工作。BAGWORKS 创建制造一般用包品牌的原本目的是"接受业务用包的订货"，为了与这一目的联系起来，我们在标签下方加上了推销性的文字。

拿庖丁工坊 TADAFUSA 的案例来说，为了解决"如何磨刀，或者如何请人磨刀"这个问题，我们设置了一些噱头。菜刀最重

第 ❷ 章　品牌创建

要的是锋利度，但是从刀匠的角度来说，"每把菜刀都得磨，否则就会不锋利，所以重要的是后期维护"。可以的话，最好每周磨一次，至少也得几个月磨一次或者每年磨几次。但是，现在顾客很难做到这样。在家磨刀的习惯正在逐渐消失，而且话说回来，外行人并不知道应该在什么时候磨。因此我们思考了一种机制：统一包装箱的形状，以便顾客把刀具打包送到庖丁工坊；创造"磨刀时机"的概念，并把相关说明放进小册子内，以便顾客知道什么时候应该磨刀；小册子就相当于问诊单，如果顾客把它放进周转箱并一同邮寄到庖丁工坊，那么庖丁工坊就会把刀磨好寄回给顾客。

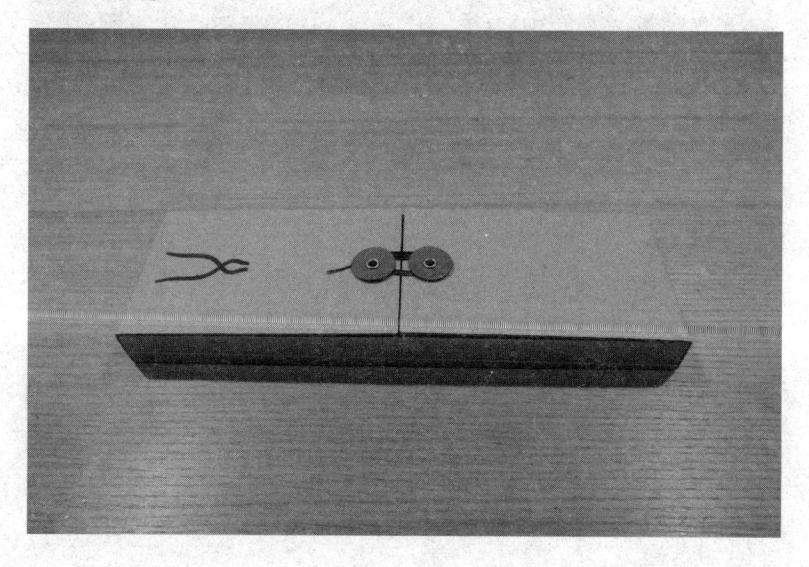

经营与设计的幸福关系
経営とデザインの幸せな関係

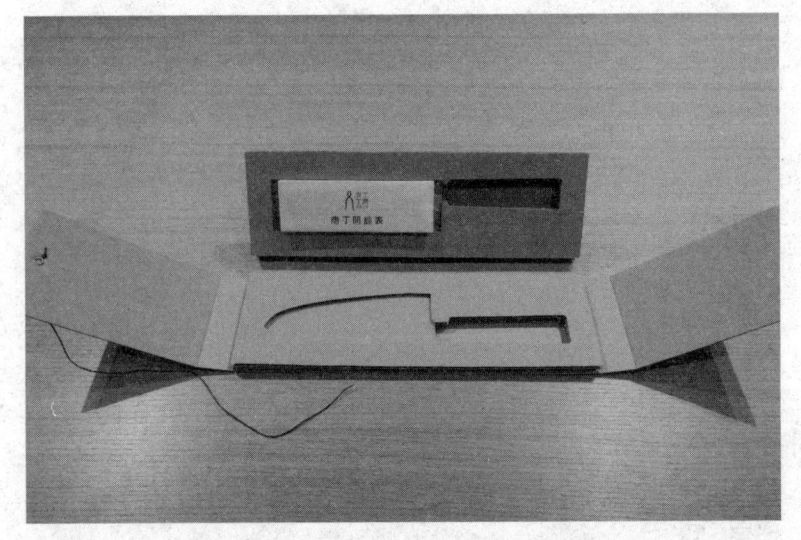

像这样催促顾客重新磨刀的包装,以及小册子上有关磨刀时机的介绍就是一些噱头。噱头并非简单地有个有趣的引子就行,它的存在是为了传达对于某品牌来说很重要的事情。

第3章

商品开发

下面就进入商品开发的阶段。对于制造类企业来说，主要部分就是商品开发，但是商品开发不能一概而论，因为商品开发的方法会因企业和商品不同而不同。越是大企业，越是在开发上花费较多时间的商品，工序就越细分化，相关人员也越多，管理也就越难。相反，中小企业在商品开发中常常出现的问题是，总经理总是下意识地一个人包揽所有事情。但是无论哪种做法，都没有对错之分。每种做法都有各自好的地方和不好的地方。一方面，有很多人参与的商品开发在各个工序上的专业性将会提高；但另一方面，品牌理念将很难从上到下贯彻下去，而且开发出来的商品容易缺乏个性。而由少数人开发商品时，情况就会反过来。

因此下面这一点就显得很重要，即无论企业体制如何，所有相关人员都理解商品开发的整个流程，掌握通用语言。除了商品开发在企业内就能完成的情况，当有外人参与商品开发项目时，这一点也很重要。

本章将讲解开发新商品的流程，以及必要的思维方式和应该掌握的关键点。关于"不能一上来就设计商品"这一点，想必这里无须赘述了。对于商品开发来说，积累仍然很重要。此外，还有一点也是理所当然的，即一定要理解我们迄今为止讲解的所有

第 ❸ 章 商品开发

流程。在第 1 章中，我们确定了经营需求，即创建新品牌，开发新商品。在第 2 章中，我们就建立品牌、组合品牌和完善品牌确定了大的方向。在着手开发新商品之前，我们需要先正确理解这些概念。迷茫时，请常常回到品牌建立和品牌组合的阶段，随时确认是否能够实现经营需求。另外，请一定不要忘记让所有信息保持一致。

新商品开发的流程由以下 7 个阶段构成：商品政策、商品策划、知识产权、商品设计、规划、确定零售价格、预算和初期制造金额。

▎01 商品政策

商品政策即通常称为 MD（Merchandising，销售策略或者商品规划）的阶段。商品政策的关键在于商品储备和销售计划。所谓商品储备，即哪种商品以哪种价格区间销售。所谓销售计划，即渠道，就是在什么时候卖出多少商品。这二者合称商品政策。我们不能不制定商品政策，仅凭一时的想法去开发商品，而应该先制订整体的计划，即商品政策，然后再开发商品。

我们也需要为商品政策确定一个年度周期。即确定何时发布何种商品，以及在一年的何时启动项目，何时发布新商品。

我们应该根据自家企业的旺季和淡季安排新商品开发日程表，并以主要日程的形式将这一日程表固定下来，每年以相同的周期执行。

此外，我们还应在制定开发日程表的同时做预算。由于行业种类和商品不同，预算也会不同。如果商品开发涉及模具等各种各样的费用，那么就需要在一年的某月中留出几百万日元的预算，并在这一费用范围内开发商品。我们可以像这样在制定日程表的同时确定预算的框架，以免商品开发变得很随意。

关于商品政策，笔者将从前面提到的商品储备和销售计划两方面讲解。此时，根据品牌情况不同，商品政策和思维方式也会不同。

1 品牌确立期的商品政策

Ⓐ 增加商品的方法和商品结构的平衡

所谓品牌确立期，即从品牌创建阶段到刚开始销售没多久期间。虽然我们很难判断到哪个时候为止属于确立期，但是可以认为，从品牌初次出现到品牌在某种程度上获得知名度、销售收入稳定为止的期间属于品牌确立期。

第❸章 商品开发

这一时期的商品为零，因此属于增加商品数量的阶段。在这一阶段，重要的是开发什么商品，以及以什么顺序增加商品。如果此时首先开发令我们着迷的商品，或者商品的增加不平衡，那么销售收入就很难产生，品牌的发展也难免失常。这里，商品结构的平衡也是很重要的要素，比如提供什么样的商品阵容。希望大家多加注意，否则可能会不小心陷入困境，有时突然发现商品结构不平衡，比如开发的全都是易于制造或者易于销售的小盘子。这些也都是应该事先从商品政策方面思考的事情。

比如，如果开发面向大众的餐具，那就需要事先想象一下特别常见的一般家庭的餐具架，把握大概的结构上的平衡，然后设定商品结构的大框架，针对这一框架按顺序开发商品。这样做就不会出现商品严重脱离市场需求和结构不平衡的情况。即便品牌初次出现时已经有几种商品了，仍然有必要事先在制定商品政策的阶段思考今后如何开展活动，以塑造品牌形象。即便此时的展望可能会在以后每一个阶段逐渐发生变化，我们仍然不能毫无计划地开发商品。因为这会影响到人们对品牌的认识。

顾客一开始当然是完全不了解新品牌的。在这种情况下，如果第 1 次、第 2 次和第 3 次的商品分别是 A、B、C，那么人们对其印象可能就与改变顺序后，比如改为 C、A、B 这样的顺序后不同。

比如，这里有一个重视机能性的袜子品牌 2&9，其第一年只开发了素色袜子。但是市场上大多数袜子品牌开发的都是带花纹的袜子。不过，品牌 2&9 与其他品牌风格迥异，更注重机能性。如果说市场上的品牌在时尚性和机能性方面的比例为 9∶1，那么品牌 2&9 在组合品牌时则是希望把时尚性和机能性的比例保持在 3∶7。于是就有必要向顾客传达"相比时尚性，我们更加注重机能性"这一信息。因此 2&9 就决定采取这样一种商品政策：第一年不开发带花纹的袜子（时尚性的象征）。

这样的商品政策本身就能起到品牌沟通的作用。

Ⓑ 思考商品开发逻辑

在制定商品政策时，商品开发逻辑将大有裨益。商品开发逻辑相当于持续开发商品的方法论，可以帮助我们更加容易地开发每个季度的商品。服装业理所当然地会确定季节主题，但是工艺和制造业却并不怎么按照季节确定主题去开发商品，其现状是，以技术和素材为起点，根据当时当地的情况开发商品。

这样的话，我们将很难对品牌的所有商品进行统一管理，而且把商品放在商店后，可能会很遗憾地发现明明都是自家企业的商品，却无法作为一个商品群去看待。如果确定了商品开发逻辑，那么我们至少可以避免出现无法把自家企业的商品当作一个商品群看待的情况。

第❸章　商品开发

TO & FRO的商品开发逻辑围绕着旅行场景

经营与设计的幸福关系
経営とデザインの幸せな関係

即使从商品设计的角度来说，比起毫无限制地开发杯子，如果有一个主题，方向性将更加明确，设计起来也会更加容易。

主题设定成什么都可以。拿MARUHIRO的案例来说，HASAMI在每个季节的商品逻辑为"国家 × 场景"。季节一的商品逻辑是"美国 × 晚餐"，季节二的商品逻辑是"墨西哥 × 景色"，季节三的商品逻辑是"法国 ×Bistro[1]"……只要改变国家和场景，品牌今后就能持续发展下去。我们就是这样设定能够不断产生商品政策的逻辑的。想必大家只看这些就能意识到，今后能持续生成至少十个季节的主题。这才是关键点。如果仅靠一时兴起，那么大多数情况下，只经过几个季节就会走进死胡同。因此需要考虑建立长远的机制。不过，有时即便每个季节的主题都设定了，比如季节一是美国，季节二是猫，季节三是旅馆，也会由于层次混乱而失去意义。虽然顾客并不会特意去思考逻辑的层次，但是有时多个季节的商品会同时摆在店内，此时最好能够让人感受到一定的规律。如果辛辛苦苦地导入了逻辑，而层次却很混乱，那么从长远来说，人们将难以感受到其方向性和统一的形象，因此我们需要注意这个问题。

1　起源于法国巴黎的平价餐厅，多指小酒馆、小餐馆。

经营与设计的幸福关系
経営とデザインの幸せな関係

Ⓒ 采购撒手锏商品

所谓品牌确立期，就是说此时品牌还没有知名度。销售收入也是从零开始，因此重要的是尽早拥有能够一举定乾坤的厉害的商品。这并不是说开发五种商品就得五种全都卖得好，而是说对于其中一种商品，我们可以不在意其销售收入，它只要是能够让人认定的、吸引人的、厉害的商品即可。这种商品就是作为撒手锏的商品。这种商品可以成为契机，帮助我们突破各种情况。有吸引力的撒手锏商品具有新闻性，因此容易作为新闻报道的素材出现在杂志和各种媒体上，对知名度的提升和初期 PR 活动非常有帮助。其他商品也有可能以撒手锏商品为契机，在下一次刊载时一起出现在杂志和各种媒体上。因此这些作为撒手锏的商品需要我们着意开发。

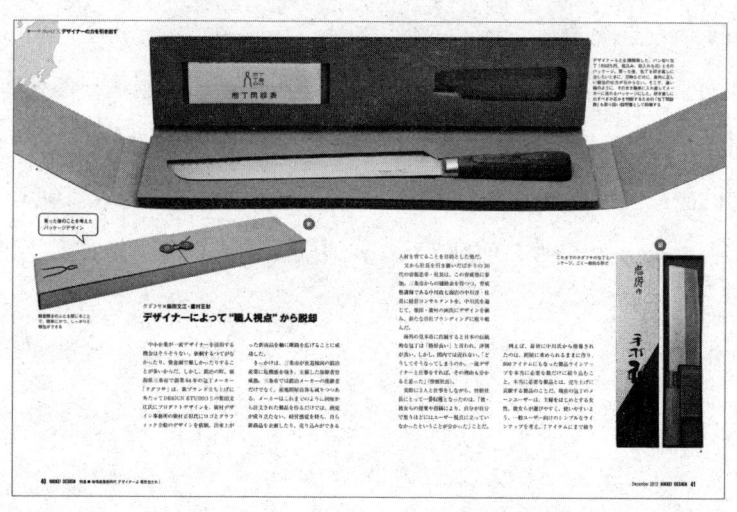

日经设计 2012 年 12 月号

第❸章 商品开发

撒手锏商品"面包刀"不负期待地出现在了众多杂志上

　　商品分两种情况,即能不能卖得好和能不能得到曝光。有时我们希望商品既能卖得好又能得到曝光,但是那样的明星商品很难出现。因此我们应该考虑以其中一方面为目的来开发商品。最好有这样的意识:即便卖得不好,也要把那样能吸引人的商品列入商品阵容。

2 品牌稳定期的商品政策

A 如何分辨是否已进入品牌稳定期

经过一直增加商品的品牌确立期，从某一时刻起品牌就会进入稳定期。关于从什么时候开始算是稳定期，人们有各种各样的看法。以中川政七商店来说，由于我们同时运营直营店，所以笔者认为从"标准尺寸的店铺（货架数量）内的商品数量开始充足起来"起，就算是进入稳定期了。在品牌确立期，我们还没有足够摆满商店货架的商品，因此只是一直在增加商品。当一段时间后商品数量逐渐充足起来，如果出现了店内货架上摆不下的商品，就是供给过剩了，而且每种商品的销售收入的效率也会下降，因此我们就需要转而执行品牌稳定期的商品政策了。此外，可能有些案例会以品牌知名度达到一定水平来确认品牌已进入稳定期。从拥有零售店的中川政七商店的角度来说，笔者认为商品数量与货架的关系也是一种指标。

第❸章 商品开发

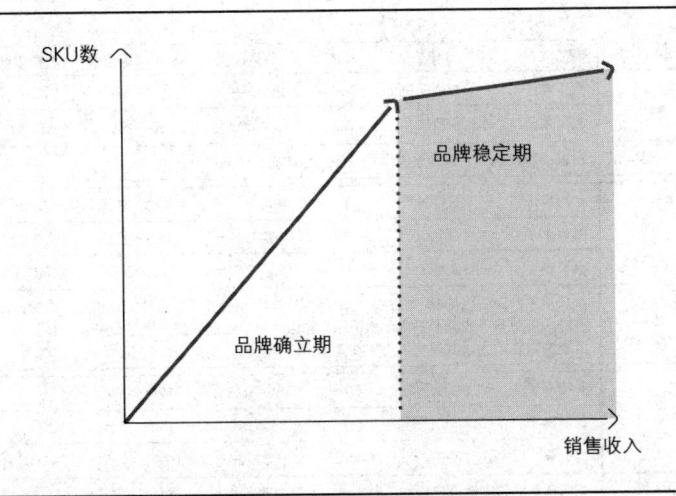

商品政策

```
SKU数 ↑
        品牌稳定期
  品牌确立期
                  → 销售收入
```

Ⓑ 品牌稳定期的关键点

　　品牌进入稳定期后,"提高每种商品的效率,即提高平均销售收入"就显得很重要了。虽然按照品牌确立期的节奏持续制造商品的话,商品会不断增多,但是店内也会逐渐放不下。此外,如果做批发,如果销路不增加而商品数量在增加,那么商品的平均销售收入就会不断下降。从商品政策这一阶段的角度来说,这种情况就属于商品过剩。也就是说,商品过剩的信号会表现在商品的平均销售收入上。如果商品的平均销售收入下降,就得思考商品是否即将饱和并盘点商品。这些就是我们在品牌稳定期内的基本思维方式。

经营与设计的幸福关系
経営とデザインの幸せな関係

商品政策（例：品牌"游中川"中的扇子在商品政策方面的积累）

	商品	零售价	SKU数	销售收入	SKU平均销售收入	总销售收入
2006年	女用扇子	4500日元	4	800万日元	200万日元	
	男用扇子	4500日元	2	180万日元	90万日元	980万日元
目标和结果	投入的男用扇子全部销售完毕。扇子这种商品的效果很好。					
2007年	女用扇子	4500日元	7	980万日元	140万日元	
	男用扇子	4500日元	2	260万日元	130万日元	
	扇子袋	1000日元	5	100万日元	20万日元	1340万日元
目标和结果	女用扇子的SKU数从4扩大到7。SKU平均销售收入下降了，但是总销售收入增加，效果很好。男用扇子也顺利扩大。根据顾客和店内员工的反映新开发了扇子袋，其目的不仅是增加销售收入，更是增加扇子在卖场内的存在感。					
2008年	女用扇子	4500日元	15	1880万日元	120万日元	
	男用扇子	4500日元	3	300万日元	100万日元	
	扇子袋	1000日元	5	150万日元	30万日元	2250万日元
目标和结果	女用扇子的SKU数成倍增加，胜负分明。其结果是销售收入也几乎成倍增加，获得成功。此外，为减轻商品策划负担，根据上一年的销售情况，扇子袋的SKU数仍然为5。					
2009年	女用扇子	4500日元	12	1440万日元	120万日元	
	男用扇子	4500日元	3	390万日元	130万日元	
	扇子袋	1000日元	5	175万日元	25万日元	2005万日元
目标和结果	SKU数为15时过于占用卖场面积，所以为了提高效率，我们减少了女用扇子的SKU数，结果效率没能提高。销售收入也下降了，感觉到了极限，有必要做出某种对策。					
2010年	女用扇子	4500日元	6	660万日元	110万日元	
	女用扇贝型扇子	3000日元	5	650万日元	130万日元	
	女用纸扇子	2000日元	5	500万日元	100万日元	
	男用扇子	4500日元	3	390万日元	130万日元	
	扇子袋	1000日元	5	160万日元	32万日元	2360万日元
目标和结果	作为解决方案，我们投入了两种新商品。3000日元的扇贝型扇子早早地全部售出，效果很好。销售收入总额终于打破历史最高纪录。我们看到了希望。					
2011年	女用扇子	4500日元	5	700万日元	140万日元	
	女用扇贝型扇子	3000日元	5	1150万日元	230万日元	
	女用高级扇子	10000日元	2	200万日元	100万日元	
	男用扇子	4500日元	2	500万日元	250万日元	
	扇子袋	1000日元	3	105万日元	35万日元	2655万日元
目标和结果	与"宫胁卖扇庵"合作开发的高级扇子投入店铺，探寻高价路线，取得了一定成果。每个季节合理积累商品政策，切实感受到目前的状况是当前卖场环境中最好的安排。					

第❸章 商品开发

Ⓒ 七成在于积累

为了进行现状把握和假设验证，商品政策必须以文字的形式保存下来。我们需要一边反省前一年同期的情况一边确定今年应该如何"打仗"，即通过这样合乎逻辑的积累循环 PDCA[1] 周期，制定第二年及以后的商品政策。作为前期准备，我们需要对前一年同期的每种类别的商品销售收入进行分析。对于其中的数字，不能只是盯着看，重要的是把销售收入的数字转换为评价。即以 ABCD 来评价最初的计划执行结果如何，以及商品是否已经按照预期全部卖出。通过分析，我们应该能够看到很多情况，比如某些商品的销售超出预想，因而制造的数量不足，或者销售收入低于预期等。在这个假设和验证的阶段，重要的是从商品构成要素的层面上进行分解，并认真分析商品畅销和不畅销的原因。我们应该从结果上做出区分，即哪些商品的哪些地方得到了好评，哪些地方没有得到好评，哪些地方好，哪些地方不好。不过哪些地方好或者哪些地方不好只是推测。但是通过这样的推测，我们可以做出假设，思考"是不是改变一下这里就能卖得更好了呢"，然后把这样的想法反映在第二年的商品政策上并验证结果。通过这样的反复分析，商品开发中的关键之处就会逐渐清晰起来。

---

[1] 即计划（Plan）、执行（Do）、检查（Check）、处理（Action）。

在中川政七商店，在制定商品政策之前，每个季节一定会由品牌经理人重新审视前一年的商品政策，看看当初的目的是什么，并把结果标红，进行验证。有很多企业虽然制订了商品政策，却不执行验证步骤。那么省略这一步骤的话，会出现什么情况呢？会出现不能准确把握现状，仅凭感觉制定下一期计划的情况。这就会导致很多问题，比如不考虑销售收入的弥补对策就决定商品的变更和废弃，或者由于没能正确认识到销售收入不振的原因而采取了错误的对策，会使第二年也无法改善。这将令人非常惋惜。

Ⓓ 三成在于挑战

前面说商品政策的七成在于积累，那么剩下的三成就在于挑战。这一比例会根据商品和行业、规模、商品开发成本等条件的不同而发生变化。就中川政七商店来说，积累和挑战的比例一直是 7∶3。虽然忽视积累会导致品牌无法稳定成长，但是只按照逻辑去改善的话，虽然准确度会上升，会更加可靠，但是商品会逐渐变得无趣。商品需要常常与"被厌烦"做斗争，因此三成在于挑战。有些挑战不只是为了保持商品和品牌的新鲜度，还是为了提升品牌形象，比如挑战迄今为止未曾开发过的商品，或者尝试一下多少有些冒险的部分，或者开发无须在意销售情况的、目的在于得到曝光的商品。

第❸章　商品开发

当然，这会对销售收入和品牌状况产生影响，因此也没有必要总让挑战占三成的比例，重要的是在准确把握现状的基础上保持平衡并不断积累和挑战。

▌02　商品策划

即便我们通过商品政策确定了开发什么商品，也不能突然就跳到商品设计的步骤。在开始商品设计之前，需要事先思考和确定如下几个事项：价格、渠道、目标人群、品位、组合、理念和定位等。即便我们在商品政策的阶段已经确定了要开发某种商品，商品的可能性仍然多达一万种。如果不进一步缩小范围就直接进入商品设计阶段，那么达到预期的正确目标的可能性就是万分之一。当然，我们可以预想到，需要一遍遍地设计商品，需要花费很多时间，才能达到预期的正确目标。为此，我们有必要在商品策划阶段就在某种程度上对这一万种可能性进行压缩、提炼。即使是在商品设计阶段，仍然需要与设计师进行细致地沟通。

在商品策划阶段，需要进行调查和组合。这一阶段非常重要，可以毫不夸张地说，最终商品方向性的七成取决于调查和组合。

经营与设计的幸福关系
経営とデザインの幸せな関係

商品策划在创建品牌的阶段已经大致确定

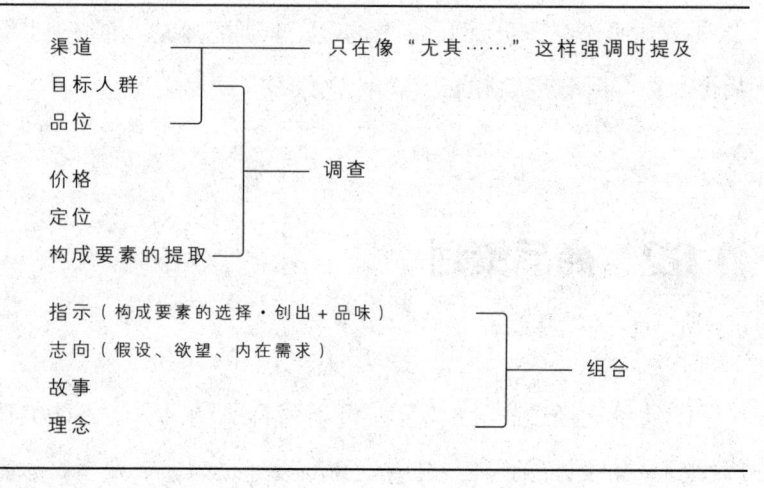

```
渠道      ┐
目标人群   │──── 只在像"尤其……"这样强调时提及
品位      │
         │
价格      │
定位      ├──── 调查
构成要素的提取┘

指示（构成要素的选择・创出＋品味）┐
志向（假设、欲望、内在需求）    ├──── 组合
故事                        │
理念                        ┘
```

1 调查

　　这里说的调查是指对将开发的商品进行广泛的调查，调查市场上的现有商品，并从中提取商品的构成要素。

　　首先是搜集市场上现有商品的信息。比如，如果想开发手帐，那么就要下至百元店上至奢华品牌，广泛而全面地搜集市场上销售的手帐。重要的是，不要受限于自己平时的活动范围和见识，要扩大视野去搜集。我们当然可以通过网络搜索，此外还有一种方法，就是尝试向了解该商品的人，或者与自己兴趣不同的人以及年龄和性别不同的人询问该商品的信息。或许他们了解自己无法知晓的信息。

然后，从所调查的商品中提取出构成要素。所谓构成要素，顾名思义即构成商品的要素。如果是手帐，那么其构成要素包括 A6 纸或者手帐纸的尺寸、纸质，以及月记、周记还是日记，是否有封皮等。价格区间、包装、销售方式等也可以称作构成要素。广泛调查的目的在于尽可能多地提取构成要素。

Ⓐ 看透构成要素的本质，发现新的选项

要提取构成要素，需要注意几个关键点，其中之一是看透构成要素的本质。

比如，拿手帐来说，对于"是否有书签""左下角是否有分割线"这些构成要素，我们很早就能发现。但是，我们不能就这么简单地直接把它们记作构成要素，而必须注意到其本质，即究竟为什么要这么设计。我们可以发现，"是否有书签""左下角是否有分割线"这些构成要素的目的实际上都是相同的，即"让使用者顺利翻开今天的一页"。因此我们应该把"让使用者顺利翻开今天的一页的设计"记作构成要素，然后把书签和左下角的分割线记作选项。通过这么做，我们就会开始思考是否有其他的设计能够"让使用者顺利翻开今天的一页"。如果我们发现了新的解决方法，那么我们发现的新的解决方法就属于新的选项，就可以从商品策划层面上实现差异化。如果把书签是否是必要的，或

者分割线是否是必要的当作构成要素，那就无法找到新的解决方法。

Ⓑ 创造新的构成要素

如果我们能够在提取构成要素的过程中找到新的构成要素，那么新的构成要素本身就可以成为实现差异化的主要因素。

前面讲过的 TADAFUSA 的面包刀实际上也是新创造的构成要素。只在刀尖部分加上锯齿状刀片的解决方案（选项）就来自"能不能设计得不落面包屑"这个问题意识（构成要素）。

构成要素的提取就是前人们深入思考后的结果，因此值得我们从中学习的地方有很多。如果看漏了构成要素，或者没能看透本质，那么我们开发的商品就会比市场上现有商品的完成度还要低。因为看漏构成要素而没有进行讨论，与虽然看成了构成要素却认为不必要相比，有很大的差异。笔者认为，这也会体现在向顾客说明商品时的说服力上。品牌定位的差异化当然很重要，而每种商品的差异化也是必不可少的。我们当然不能看漏构成要素，除此之外，创造迄今为止市场上没有的构成要素，或者寻找新的选项，还能从商品策划的层面上创造出优势。

调查(提取构成要素)

商品：手帐

	选项						
尺寸	A4	A5	B5	B6	圣经	名片尺寸	
纸质	厚型	薄型	防止反面渗墨	彩色			
形状	线装	环形	活页	翻页			
价格区间	低于999日元	1000日元左右	2000日元左右	3000日元左右	5000日元左右	1万日元以上	
包装	无	PP	箱子				
机能性	能够增加	能够撕开	可替换	组合	数码化	防水	
附属品	书签	笔插	卡袋	便签	垫板	带子	
品味	商务	高级	彩色	古怪	角色		
目标人群	商务男性	商务女性	学生	儿童	主妇	职业人士	
封皮	塑料	布	革	纸	厚纸		
属性	商务	目标管理	日记	工作生活的平衡	占卜・杂学	自由帐	
能让使用者顺利打开的设计	书签	斜切					

此外，实现商品策划层面上的差异化后，就不必过分追求设计上的差异化了。市场上有很多只追求设计上差异化的商品。但是，如果只追求设计上的差异化，就会容易开发出奇特的商品或者特别的商品。其结果是，我们将难以从市场上找到一般的商品。笔者感到其反作用的体现即当前的极简风（Normcore）和标准化（Standard）等潮流。

2 组合（商品篇）

组合（商品篇）与第2章中的"组合品牌"非常相似，二者的方法都是相同的。组合的思维方式不仅适用于品牌的策划，还适用于商品、企业等层面的策划。通过调查从某种程度上确定了方向之后，接下来我们需要进行组合，并向商品设计阶段过渡。

组合表（商品篇）

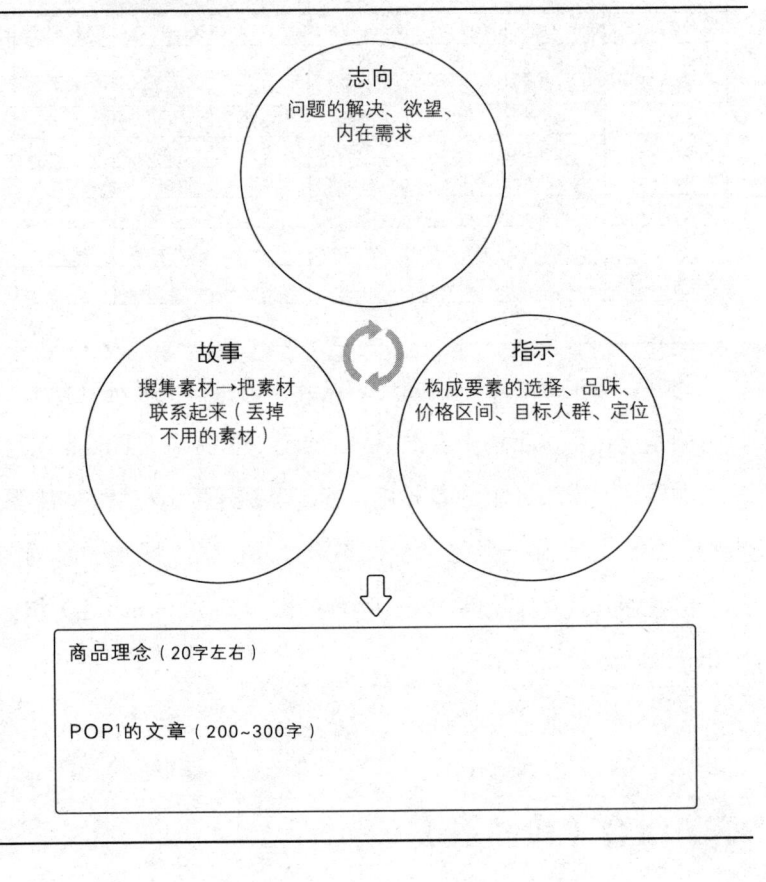

志向
问题的解决、欲望、内在需求

故事
搜集素材→把素材联系起来（丢掉不用的素材）

指示
构成要素的选择、品味、价格区间、目标人群、定位

↓

商品理念（20字左右）

POP[1]的文章（200~300字）

1　POP：Point of Purchase，即卖点。

第❸章 商品开发

Ⓐ 志向

商品篇中的志向与问题的解决、欲望、内在需求（Insight）相关，这些都是创造商品契机的要素。

所谓问题的解决，指的是解决针对市场上已有商品的不满的视点。

所谓欲望，指的是"想这样做"这样的意志，即以自身为起点的一些想法，比如"想再这样做""想传达这种素材的好处"等。

所谓内在需求，指的是尚未形成语言的潜在性要求和欲望。这里指的是能够让人们付诸行动的购买欲望和行为欲望产生的源泉。一般来说，虽然本人不会意识到，只是当某种商品出现在眼前就会不由自主地喊出"对对！我就是想要它"，或者本来并不觉得想要，却不由自主地想买下。

Ⓑ 故事

故事与品牌组合相同，即把作为素材的要素联系起来，形成一个充实的好故事。

Ⓒ 指示

所谓指示（Direction），即最终决定从调查项目梳理出来的每个构成要素中选择什么。关于品位，如果我们感到除了语言，还需要更加详细的指示，那么有时就会使用前面讲过的情感程序。指示将直接成为在商品设计阶段提供给设计师的详细说明。

通过组合，商品就具备了意义和背景，就能与值得讲述的独特性联系起来。

组合的步骤，即便不是设计师也能完成。不会画画的人也能完成调查和组合等商品策划活动，因此与商品开发相关的人可以在此基础上向设计师提出委托。

调查（提取构成要素）案例：TADAFUSA

商品：面包刀

	选项			
刀身的素材	SLD钢	青纸钢	白纸钢	
刀身的形状	锯齿大	锯齿小		
刀纹的有无	有	无		
刀身的长度	<20cm	20cm~24cm	>24cm	TADAFUSA的优势
刀把的素材	金属	木	抗菌碳化木	
刀把的形状	椭圆	六角形	八角形	有指印、无指印
刀身和刀把的连接方式	日式	西式	混合	
价格	<3000日元	3000~5000日元	5000~10000日元	10000~30000日元
包装	塑料盒	纸箱	化妆箱	周转箱
不落面包屑的设计	锯齿+直刀			发现的新选项

创造的新的构成要素

第❸章 商品开发

03 知识产权

最近连奥林匹克运动会的会徽都因知识产权问题而备受关注,所以这里我们也必须来了解一下知识产权。具体内容还得看专业书,这里只是看一下作为经营者,我们应该如何面对这一问题。

在时尚·杂货的世界中,由于外观设计几乎难以通过法律得到保护,所以经营者通常都不放在心上,不花费钱财去保护。实用新型专利能够受到保护,而发明的门槛原本就很高,所以中川政七商店也几乎没有这种专利。

组合表（商品篇）庖丁工坊 TADAFUSA 的面包刀

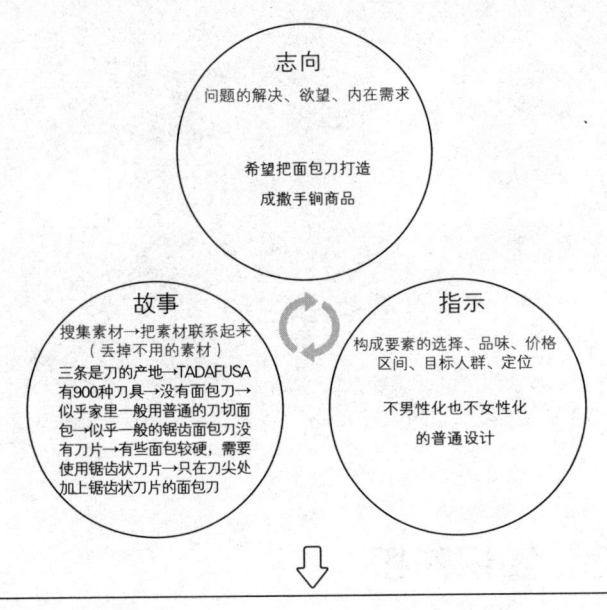

志向
问题的解决、欲望、内在需求

希望把面包刀打造成撒手锏商品

故事
搜集素材→把素材联系起来（丢掉不用的素材）

三条是刀的产地→TADAFUSA有900种刀具→没有面包刀→似乎家里一般用普通的刀切面包→似乎一般的锯齿面包刀没有刀片→有些面包较硬，需要使用锯齿状刀片→只在刀尖处加上锯齿状刀片的面包刀

指示
构成要素的选择、品味、价格区间、目标人群、定位

不男性化也不女性化的普通设计

↓

商品理念（20字左右）

匠人匠心打造不落面包屑的面包刀

POP的文章（200~300字）

新潟县三条市是传统的锻冶匠人之市，庖丁工坊TADAFUSA的匠人用心打造了多达900种专业性强的刀具。但是不知为何，其中没有面包刀。于是我们向匠人询问："为什么没有面包刀呢？"我们听到的回答是"因为面包刀上没有刀片啊"。我们进一步询问："面包刀上没有刀片是什么意思呢？"面包刀上的锯齿刀片是机械制作完成的，因此在显微镜下观察时刀尖的形状与匠人打造的刀片相比相当宽松。其实据就在于，一般的锯齿状切面包刀切面包时会落很多面包屑。匠人告诉我们，"就像用锯锯一样"。但是面包表面常常较硬，因而如果使用普通的刀，根本就切不进去。为了解决这个问题，庖丁工坊TADAFUSA生产出了只在刀尖处带有锯齿的面包刀。先用刀尖处的锯齿刀片切开，接下来用普通刀片的部分去切即可，结果相当好用！而且完全不落面包屑。

只有商标是我们最近在努力申请的。商标一般都是受保护的，不过其中有一项需要注意，就是驰名商标。驰名商标指的是

第❸章　商品开发

被需求者广泛认可的商标，其知名度较高，如果在全国都有名，就会被认定为驰名商标，因此其受保护的范围比普通的商标更广，值得我们注意。

虽然是一种保护，但是这需要花费一些费用，因此我们需要根据企业的资金充裕程度来判断，只要保护自身不受攻击即可。

知识产权的定义

知识产权制度指的是把经智力创造活动产生的成果作为创造者的财产保护起来的制度。知识产权受各种各样的法律保护。

知识产权分为两种，一以促进创作欲望为目的的"与智力创造成果相关的权利"（发明权、著作权等），以及以维持信用为目的的"与商业标志相关的权利"。知识产权中的发明、实用新型、外观设计、商标称作工业产权，由国家知识产权局管辖。工业产权制度赋予新技术、新设计、名称等专有权，保护其不受模仿。通过向国家知识产权局提出申请并登记，这些权利就可以成为能够由创作者在一定期间内专有使用的权利。

国家知识产权局网站中有"国家知识产权局综合服务平台"，任何人都可以搜索发明、实用新型、外观设计、商标等的注册情况。

知识产权的种类（精选）

【与智力创造成果相关的权利】

·发明（《中华人民共和国专利法（2008修正）》）
发明，是指对产品、方法或者其改进所提出的新的技术方案。

·实用新型（《中华人民共和国专利法（2008修正）》）
实用新型，是指对产品的形状、构造或者其结合所提出的适于实用的新的技术方案。

·外观设计（《中华人民共和国专利法（2008修正）》）
外观设计，是指对产品的形状、图案或者其结合以及色彩与形状、图案的结合所做SSS出的富有美感并适于工业应用的新设计。

·著作权（《中华人民共和国著作权法（2010修正）》）
保护文学、艺术和自然科学、社会科学、工程技术等作品。保护期限为死后50年（法人作品和影视作品均为发表后50年）。

·商业秘密《中华人民共和国反不正当竞争法》
商业秘密，是指不为公众所知悉、能为权利人带来经济利益，具有实用性并经权利人采取保密措施的技术信息和经营信息。

【与商业标志相关的权利】
・商标（《中华人民共和国商标法（2013年修正）》）
任何能够将自然人、法人或者其他组织的商品与他人的商品区别开的标志，包括文字、图形、字母、数字、三维标志、颜色组合和声音等，以及上述要素的组合，均可以作为商标申请注册。
・商号（《中华人民共和国商法通则》）
商主体的商号权、商誉权和形象权受法律保护，任何个人和组织不得侵犯。商主体可以以其姓名或者其他名称决定其商号。
・商品标记、商品形态（《中华人民共和国反不正当竞争法》）
经营者不得采用下列不正当手段从事市场交易，损害竞争对手：（一）假冒他人的注册商标；（二）擅自使用知名商品特有的名称、包装、装潢，或者使用与知名商品近似的名称、包装、装潢，造成和他人的知名商品相混淆，使购买者误认为是该知名商品；（三）擅自使用他人的企业名称或者姓名，引人误认为是他人的商品；（四）在商品上伪造或者冒用认证标志、名优标志等质量标志，伪造产地，对商品质量作引人误解的虚假表示。

■ 04 商品设计

1 在企业内部设计还是交由外人设计

首先，我们思考一下商品设计应该在企业内部设计，还是交由外人设计。对于自家企业的主要商品，笔者认为应该在企业内部完成设计。此外，生命周期较短的商品也是在企业内部设计较好。但是，如果是生命周期长的商品（比如10年），就可以委托给外人设计。如果商品需要很长的时间才能决出胜负，那我们就应该能预料到相应的收益，其中也会有能够成为企业招牌的商品。虽然花费金钱把它的设计交由外人完成多多少少像是大企业的风格，但是有时仅靠设计师的名字，商品就能得到曝光，所以有时交由外人设计也具有促进销售的意义。尽管如此，事实上，从很多中小企业每种商品的流通量来说，并没有很多企业会开发需要向外人付设计费的商品，所以设计基本上都还是在企业内部搞定。拿中川政七商店来说，对于自家企业不擅长的领域等，我们会以企业内培训和教育的形式委托企业外的设计师。

此外，Logo 的设计以及店内装潢设计等并非自身的主业，而且发生频率和更新频率都不高，所以委托给企业外的专家更好。

2 如何选择设计师

实际决定选择哪个设计师时，"如何选择"会让我们感到非常困难和烦恼。设计师也分种类、风格和范围，可谓千人千面。

种类指的是头衔。头衔随着设计的对象物不同而不同。头衔的一览表如下文所示，艺术总监（Art Director）和创意总监（Creative Director）是把若干对象物汇总起来并能够保持平衡的人。虽然他们并不自己动手设计，但是我们可以大胆地说，艺术总监和创意总监分别是各个对象物的设计师的上位概念。

图形设计师→艺术总监→创意总监。

经营与设计的幸福关系
経営とデザインの幸せな関係

头衔就像黄尾鱼的名字,会像 TUBASU → HAMATI → BURI[1] 这样发生变化(笑)。

※ 艺术总监

①电影和戏剧中负责指导服装、舞台布置、小道具和灯光等的人。美术指导。

②在广告制作中对设计和文案等进行总的策划和决定并制作的人。

※ 创意总监

①广告行业中的广告制作总负责人。

②在时尚企业全面负责从商品策划和商品设计到宣传、品牌形象战略的总负责人。

风格指的是设计师的品位、艺术倾向等。有艺术风格强烈的设计师,能够让人一眼看出是谁的作品,当然也有艺术风格不太强烈的设计师。艺术风格强烈的人如果与案子的契合性较好,就能施展其才能,否则就难以施展其才能。正是因为艺术风格强烈,所以他们无论如何都会更多地体现个人的艺术风格,而不是顺从指示。在提出指示的阶段如果我们能够有一个明确的形象并

1　在日语中,黄尾鱼在不同成长阶段有不同的名字。TUBASU、HAMATI 和 BURI 是黄尾鱼在不同成长阶段的不同名字。

且这个形象与他们的艺术风格重合就没问题，但是如果形象不够明确，那么委托给艺术风格不太强烈的设计师会更好。

范围的梳理

		图形设计师	艺术总监	创意总监
经营	中期经营计划			
品牌	建立			○
	组合		○	○
	完善（Logo的设计）	○	○	○
商品	商品政策			○
	商品策划		○	○
	商品设计（包装的设计）		○	
	规划			
	确定零售价格			○
传播	目标/切入点		○	○
	传播手段		○	○
	制作	○	○	○

　　从范围来说，同样是产品设计师，既有只做设计的设计师，也有从商品策划开始做起的设计师，甚至还有从上流工序——商品政策和品牌创建——就开始参与设计的设计师。每个人的主要工作和擅长的事情都不一样，作为其范围的区域并不简单，实际上非常复杂，可以说是千差万别，无法梳理得清晰易懂。对于设计师过去的作品和工作，我们可以通过网络或者设计师年鉴等在某种程度上查询得知，但是对于范围，就只能直接当面询问了。范围广的设计师不太喜欢其他人详细地指导和说明，范围窄的设计师则需要我们为其提供详细的指示。

市场上的菜刀映射

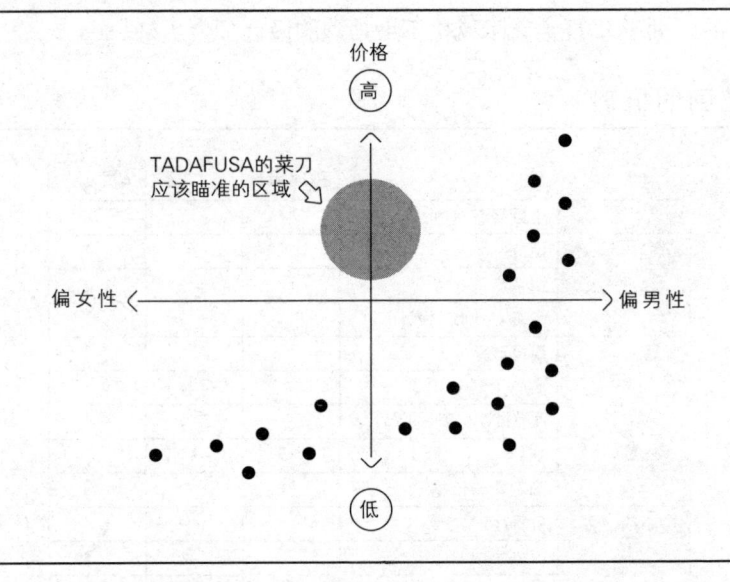

价格
高

TADAFUSA的菜刀
应该瞄准的区域

偏女性 ←——————————→ 偏男性

低

不习惯商品开发时，尽可能委托给范围广的设计师更好。我们应该也能从其身上学到商品策划的相关知识。

创新素养较低的经营者往往倾向于走捷径，把设计委托给认识的人。但是设计师擅长的事情、艺术风格和水平千差万别。交给外部设计师设计的情况下，请在委托之前先认真搜集相关信息。在这里，积累同样很重要。

拿 TADAFUSA 来说，我们调查后发现，市场上的现有商品像上图那样偏向性非常强。在价格低的区间内，商品选项较为广泛，随着价格升高，明显地就只有偏向男性的设计的商品（刀纹很好，而且闪着耀眼的黑光等）。庖丁工坊 TADAFUSA 的刀具是

第❸章 商品开发

由匠人一把一把地手工锻造出来的，因此从价格区间上来说，肯定属于较高。因此我们的目标就是设计上要比相应价格区间内的现有商品更加偏向女性化（即图中正中间的部分）。于是，我们把设计委托给了能够代表日本的产品设计师柴田文江先生，并把基于调查得出的方向认真地反馈给了柴田先生。最终，我们开发出了符合预期的商品。

如果像这样在调查阶段就在某种程度上确定了方向并在此基础上选择了合适的设计师，那么剩下的事情交给设计师即可。假如 TADAFUSA 把设计委托给了艺术风格较强、擅长男性风格设计的设计师，那么就算是相同的指示，我们恐怕也得不到现在这样的结果。这一步一旦搞错，接下来就很难修正了。

3　为了传达"目的"而设计

首先，设计是为了什么目的而存在的呢？笔者认为设计的存在是为了把"希望商品被如何看待"这一目的具体地体现出来。也就是说，设计就是一种沟通手段。因此"作为品牌想这么做"这样的目的当然是必要的，此外"希望商品被这样看待"这样的目的也有必要作为大前提体现出来。如果不把隐含在商品中的目的认真地传达给设计师，一切就无从谈起。这部分属于组合表发挥的作用，由提出指示的人负责。

4 想象顾客看到商品设计后的感受

当看到设计师提出的商品设计时,我们一般无须过问设计的细节。笔者认为,我们不能插手这一部分,而应该大量想象"顾客看到商品设计后的感受"。首先,自己有什么感受?这一印象非常重要。自己的印象与对顾客感受的想象不同,属于一种真切的感受,因此尤其重要。除了自己的感受,我们还可以一边联想预期的渠道中的顾客,一边想象"这个人会有什么样的印象""那个人的印象会不会是这样的"。包括自己在内的顾客看到商品设计后感受到的印象是否与我们当初预想的目的不一致,如果感觉不一致,那么需要把"怎么不一致"通过语言传达给设计师。

关于"导致不一致的因素在哪些地方",应该交给设计师来判断,我们不能具体地干预细节。我们最多只能把"希望商品被这样看待"这一目的与实际印象不一致的地方标记出来。当然,对于经验较少的设计师或者范围非常窄的设计师,有时也需要指出细节,比如不一致的要素在哪里。这就需要我们根据设计师的不同选择不同的应对方式。

在进行各种想象的过程中,会出现非常规的顾客和提出少数派意见的顾客。多数派的意见值得考虑和探讨,而少数派的意见应该如何处理呢?非常困难。对于少数派的意见,我们每次都要想象其影响程度并判断,或加以探讨,或直接舍弃。即便少数派只有一个人,"存在这样印象的人"这一事实也是一种意见,非常重要。但是,不可能 100 个人全都有着相同印象,这也是事实。目的不可能按照预期传达给所有顾客。如果制造的是大家都觉得好的商品,那么商品最后很容易变成大家都不愿意买的商品。一方面,目的只会准确传达给一部分人,也只有一部分人会购买。另一方面,我们应该从一开始就明白,一定会有不少人无法理解目的。

5 颜色

大多数情况下,我们是被动等待设计师的提议。但是有些事情却是企业方必须事先考虑的,比如 SKU 数和库存风险、摆放在店面时的颜色搭配等。思考与预算的一致性,以及在店面的展示,并至少决定是采用单色还是采用多色——这些应该由企业方负责。然后,关于究竟采用几种颜色,交由设计师决定即可。

从受到委托的设计师的角度来说,由 3 色改为 4 色时不会感到太困难,但是由单色突然改为 5 色的话,就得重新思考了,这会非常辛苦。我们应该尽量避免对已确定事项进行变更,以免浪费时间。

6 包装

包装是商品的脸面，其设计会在很大程度上影响商品给人的印象，是一个非常重要的因素。我们必须研究其作为流通形态的门槛。此外，对于包装的设计，只在会议室看看商品的话，我们是得不到正确答案的。我们必须把它拿到店里去，看看与其他商品摆放在一起时的情况。

这里先来看看包装与销售成本的关系。商品主要还是在于商品本身，而不是在于包装。根据所放重点的不同，是自用还是送作礼物，花费在包装上的成本也就不同。即便是送作礼物，如果商品的包装占总销售成本的三成以上，那么根据经验来说，商品也大多卖得不好。虽然顾客并不知道销售成本的结构，但是成本结构仍然会失去平衡。

05 规划

规划指的是寻找商品制作的加工地和原材料的采购地，交涉价格和批次，决定详细的规格，设定商品的标准和调整交货日期的阶段。

我们不能只把商品看作某种规格，还必须注意数字无法体现出来的手感和氛围等感觉性的部分，以免出现类似"直到样品阶段都很好，但是到了量产却不行了"这样的事情。

进一步说，负责人不能只向加工地和采购地提要求，其重要作用还在于构建能够更好更长久地持续下去、双方都能更好地成长的关系。

■ 06 确定零售价格

经过到此为止的诸多阶段，价格想必已经大概确定了，制作也已经开始了。在这个阶段，我们需要确定商品的最终价格。在"确定零售价格"的阶段，我们不能只思考如何让利润最大化，还必须在考虑品牌应有的价格区间、商品之间的价格平衡、企业的标准成本率等的基础上确定价格。正如京瓷集团的稻盛和夫所说，"定价即经营"，这个阶段非常重要，而且并不简单。

1 单品的利润最大化

在确定零售价格之前，我们需要先计算销售成本，但是最终还需要在考虑价格弹性的基础上确定。价格弹性表示某商品的需求和供给随着价格变动而变化的程度。

价格弹性高的商品和价格弹性低的商品

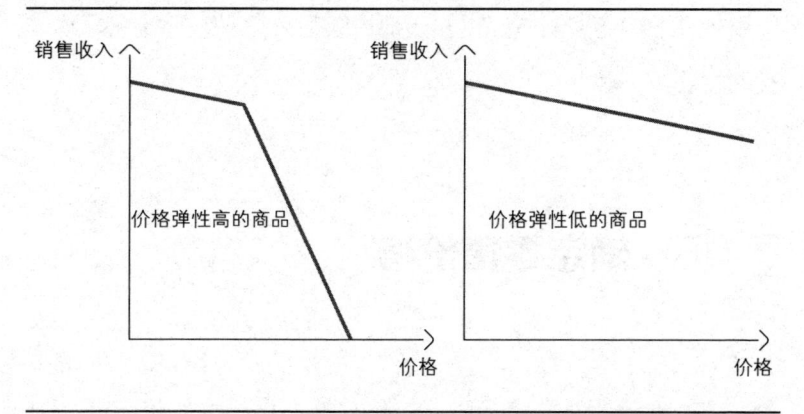

销售收入 价格弹性高的商品 价格

销售收入 价格弹性低的商品 价格

　　归根结底，市场价格就是在需求量和供给量影响下的买方愿意支付的价格。当价格发生变动时，需求量会多多少少地发生变化。价格的变动率因商品不同而不同，利润也会随之增减。如果改变价格后需求量变化不大，我们就称作"价格弹性小"，而如果改变价格后需求量大幅变化，就称作"价格弹性大"。

　　在确定价格时，我们有必要一边观察商品的价格弹性，一边寻找利润最大化的关键点。

　　说起来，大受喜爱且稀缺的商品有价格弹性小的倾向。这是一个无论价格多少，喜欢的人都会购买的市场。这种情况下，无论如何设定价格，需求量也不会发生太大的变化，因此无须过于严格地控制价格，认真地设定一个能够盈利的价格即可。

第 ❸ 章　商品开发

反过来，如果市场上的类似商品很多，供顾客比较和研究的商品就会很多。这种情况下，价格弹性就会很高，有必要慎重定价。一般来说，价格上升后，商品就会不好卖，但是由于每件商品的收益增加了，所以或许在到达某个点之前，收益会一直增长。但是，一旦超过某个点，需求就会一下子下降，商品就会卖不出去。对于这个点，我们很难判断。

就像笔者在一开始说的那样，实际上我们需要做出复杂的判断，除了单品的利润最大化，同时还需要考虑品牌的价格战略，因此不能马马虎虎地设定价格。

2　品牌的价格战略

在确定价格时，除了单品的利润最大化，从中长期角度来说，品牌的价格战略同样值得我们思考。关于创建一个以什么为定位的品牌，我们在品牌建立和组合阶段已经确定下来了。重要的是，正确理解"与竞争对手相比，自家的品牌处于哪个位置"，并一边经常确认与竞争对手的价格差，一边控制品牌整体的价格。

拿中川政七商店来说，我们认识到自己的主要背景是中等规模的工艺品制造类企业，而且价格比竞争对手略高。相同的商品，虽然零售价格如果是其他企业的 1.3 倍左右可以不用太在意，但是一旦达到 1.8 倍或者 2 倍，就有点儿太高了。此外，如果比较对象是制造背景为能够大量生产的大型杂货品牌等，那么无论如何都会出现更大的价格差。这种情况下，如果零售价格是其 2 倍左右也没办法，但是一旦达到 4 倍或者 5 倍，就太高了，所以有自己的标准就显得很重要。

3 站在顾客的角度上思考

零售价格一般是在考虑销售成本和品牌标准成本率的基础上确定的，但是我们仍然有必要考虑每一种商品的零售价格在顾客的眼中是怎样的。

笔者曾经遇到过下面这样的情况。有一个有 3 种尺寸的玻璃杯看起来很好，吸引了笔者的注意力，但是一看价格，笔者大吃一惊。因为价签上面写着小号 1800 日元，中号 2800 日元，大号 3800 日元。尽管尺寸的差别并没有那么大，但是从作为消费者的感觉来说，笔者完全不能理解。商品的确让笔者觉得非常好，但也实在很遗憾。这样的价格一定卖不出去吧。

比如，我们假设当时小号 2400 日元，中号 2800 日元，大号 3200 日元，即分别相差 400 日元。那么，小号的会增加利润额，只要能卖出去就可以赚到钱，但是大号的或许即便能卖出去也赚不到钱。尽管如此，像"只要大中小 3 个尺寸的玻璃杯加起来能获利就行"这样的价格设定也是可以的。相差 400 日元的话，从顾客的角度来说就不像先前那样让人觉得价格差大得惊人了。制造类企业应该在考虑这些情况的基础上设定价格，但是事实上，像这样让顾客觉得价格不协调的情况仍然不时出现。

4 不能一物二价

由于减价促销和原材料的价格上涨等，销售价格可能会发生变化，但是同一时期相同商品的销售价格如果有两种，就不太好。虽然我们不能阻止量贩店的减价，但是一般来说，标准价格应该是统一的。如果不能遵守这一点，顾客可能会不再信任这一品牌。

工艺品行业常见的案例是产地的价格会更便宜。可能其中包含着对顾客特意到来的回馈的意义，但是这仍然难免招致顾客对品牌的不信任，因此最好不要通过价格加以区分。此外，在和服行业，目前仍然有根本就不给商品标价的现象。很明显，不标价格也会导致购买门槛较高以及顾客对行业本身的不信任。希望大家能够把价格定为唯一的且明确地标识出来。

5 销售成本的计算逻辑

一方面，只要是企业，就一定会认可下面这种基本的设定零售价格的方法：成本的累积加上利润。另一方面，"没有认真研究要获取多少利润"的情况，尤其在小规模的企业较为多见。就像前面提到的，企业整体或者品牌整体的标准成本率应该是已经事先确定好的。一般来说，根据这个数字，销售价格就应该能够自动计算出来。我们需要做的是在此基础上考虑并调整个别条件。但是，对于作为其前提的销售成本（大部分情况下是劳务费），有些企业根本不会计算，也不知道如何计算。这才是致命伤。

如果制造是由自家企业完成的，那么除了设备的折旧等琐碎的费用，销售成本基本上就是材料费和劳务费的总和（制造工序外包的情况下，需要加上外包费）。但是，几十年都不改变价格等也是常有的事。这种情况下，本来应该对每种商品一个个地认真调查的，但是有时候这并不现实。如果遇到这种情况，笔者推荐大家使用下面介绍的这种方法。

这种方法的逻辑只是用来粗略计算销售成本，从会计上来说完全不能使用。这种方法首先会计算在一个月内持续地制造某种商品的情况下，一共能制造多少商品，然后确定一个月所需的销售收入（这里销售收入是指制造的商品全部售出的情况下的销售收入，因而把理想的年销售收入换算为月平均销售收入即可）。

最后用销售收入除以商品数量，得出的金额就是该商品应有的销售价格。材料费大家一定知道，我们用销售价格减去材料费即可得出劳务费。只要计算出这个数字（制造该商品的合理的劳务费），其他商品就能以这个数字为准。这样一来，通过凭感觉判断工作的辛苦程度，我们也就能粗略地确定劳务费。

6　标准成本率

标准成本率指的是品牌整体的平均成本率（反过来说就是平均毛利率）。单品的成本率多少会有些浮动，我们需要事先为每个品牌设定这样的基准，以立即计算出销售价格。此外，最终的价格应该由品牌经理人或者经营者独自决定。

7　生产批次

生产批次指的是生产某商品时的最小单位。根据企业和商品不同，生产批次也会有很大差异。一般来说，越是大企业，制造背景越是机械化，批次也越多。这里多说一些，如果是在像工艺行业这样存在很多手工操作的制造背景下，即便增大生产批次，价格也很少会下降。笔者回到中川政七商店并立刻决定开展工艺的 SPA[1] 模式和多店铺发展的时候，并不明白这种情况。现实情况是，那时不光价格没降下来，由于制造的商品数量不够，甚至面临着供给方面的问题，必须寻找别的工坊才行。

此外，生产批次一定有经济订货批量（Economic Order Quantity，EOQ）。不制造一定数量的商品，市场上的商品和销售价格之间就会产生距离。但是刚刚创建的品牌还不能遵循经济订货批量，容易陷入价格严重脱离市场，最终卖不出去的情况。

品牌 THE 在创建品牌时最开始开发的商品——玻璃杯——就刚好遇到了这种问题。玻璃杯的模具费用投资较多，而且制造背景都是机械化的，所以经济订货批量相当大。尽管如此，他们仍然希望推出 3 种尺寸的玻璃杯。通常来说，此时无法根据经济订货批量订货，因此应该卖得稍微贵些，或者减少商品尺寸。但是，他们认为如果不承担风险，就一定会在对决中输掉，所以就把几乎全部资金都投了进去，采取了"3 种尺寸+经济订货批量"这样的粗暴方式。最后，他们在这次对决中大获成功，THE GLASS 成为了大热的商品。笔者认为，只有经营方和创新方双方都具备相关素养才能做出这样的判断。

当然也有人认为像这样危险的商品应该避开，避开才是聪明的判断。但是笔者认为，有时我们也需要来一场这样的对决。

---

[1] Specialty retailer of Private label Apparel 的简称，是一种自有品牌服装零售经营模式，由美国 GAP 公司最先提出，后来由优衣库成功运用并推广。

第❸章 商品开发

8 如何思考初期投资

在制造商品时，模具等的初期投资常常很多。虽然模具等固定资产都有法定使用年限（折旧年数），但是我们最好另外在企业内部形成下面这样的逻辑，并灵活运用。

①如何把初期投资分配到销售成本中
②不分配到销售成本中时，打算用多少年收回初期投资

拿中川政七商店来说，基本上遵照的是逻辑①，部分大型商品则遵照逻辑②，且规定三年收回初期投资。虽然从会计上来说这种逻辑也完全无法使用，但是通过这样做，策划者和设计师就可以自己判断，而无须事无巨细地麻烦经营者判断。

9 正确理解自己对价格的感觉倾向

总的来说，确定价格的人应该事先理解自己对商品价格的感觉倾向——这非常重要。每个人的生活水平和成长环境不同，对价格的感觉也就不同，因此目标人群对金钱的感觉可能与我们自身的感觉不一致。

07　预算和初期制造金额

根据当初预想的商品政策最终得到的商品化的商品常常有些与预想不一样的地方。此外，价格也可能与预想不同。因此，在最终商品化并确定零售价格的阶段，也就是进入正式生产之前，有一点希望大家能够再次确认，即最开始的经营需求与初期制造金额是否不一致。在最终制造的阶段，过于胆怯或者过于胆大都不好。不管怎么说，与最初的经营需求相吻合才是最重要的。如果商品阵容（商品数量和价格）与当初的预想过于不同，就需要回到最初的经营需求阶段进行更改。

经营需求与制造金额的一致性

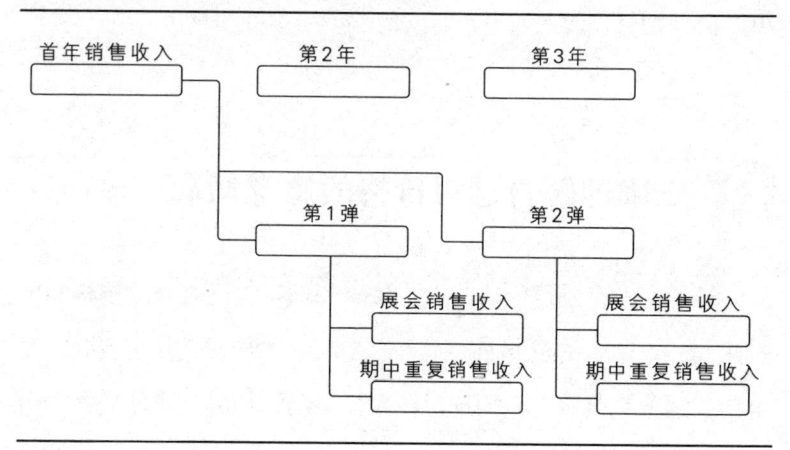

```
首年销售收入        第2年           第3年
                    │               │
                    │               │
                  第1弹           第2弹
                    │               │
                展会销售收入     展会销售收入
                    │               │
              期中重复销售收入  期中重复销售收入
```

第4章 传播设计

经营与设计的幸福关系
経営とデザインの幸せな関係

▍01　什么是传播设计

品牌沟通指的是梳理应该传达的事项并准确传达。通过前面的"品牌创建"和"商品开发"阶段，我们已经准备好了应该传达的事项。这些事项必须全都传达给顾客才有意义。如果在接下来的品牌沟通阶段中不认真执行，本来能卖得出去的商品也会卖不出去，应该传达给顾客的信息也会传达不过去。企业和工人容易认为只要制造优质商品就行，优质商品就是一切。这样的话，品牌形象就无法在顾客的心中树立起来。

一般来说，上面这些相当于经营战略和渠道战略、促销和 PR[1]等，传播设计的思维方式就是综合考虑这些内容，而不是单独考虑。

的确，企业组织中的执行队伍各不相同，每个队伍都倾向于制定各自的战略，但是话说回来，顾客心中形成的品牌印象只有一种，这与接收信息的渠道无关。它是将从各种渠道接收到的各

1　Public Relations 的简称，意思是"公共关系"，即公关。一般用来指社会组织通过传播或宣传等手段与公众形成双向交流，以达到相互了解和相互适应的管理活动。

种各样的信息在脑海中合成，最终形成一种品牌形象。比如，我们假设东京银座的优衣库和郊区的优衣库的价格和商品设计完全不同。这样的话，恐怕体验过这两家店的顾客就无法对优衣库有准确的印象了。不仅如此，顾客还会因为接收了完全不同的信息而在心中产生混乱，或许甚至都无法把优衣库当作品牌来认知。

可见，要想形成准确的品牌形象，最重要的是保持所有信息一致。因此品牌的沟通战略需要由所有人一起研究并确定，到了执行阶段才能分为各个队伍分别执行。下面，我们就来看看设计综合性、概括性沟通战略的流程。

02 如何进行传播设计

1 原始素材

原始素材指的是应该传达的对象。企业、品牌、商品或者活动等大大小小各种层面的对象都可以成为原始素材。企业和品牌等大的层面上的对象当然应该试着作为原始素材，并提前进行传播设计。那么商品以及商品以下的层面上的对象能否成为原始素材呢？未必。我们必须判断这些对象是否有足够成为素材的潜力。对于被认为潜力不够的素材，就没有必要进行特别的传播设计，正常地放在商品目录中并在展会上展示出来，在适当的时期投入店铺即可。笔者感觉，值得作为原始素材进行传播设计的商品一般不高于一成。

传播设计的流程

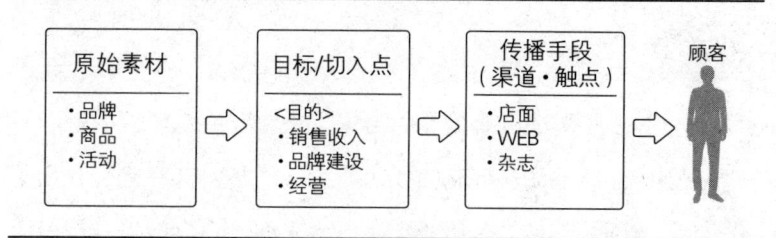

```
┌──────────┐    ┌──────────┐    ┌──────────┐
│ 原始素材 │    │目标/切入点│    │ 传播手段 │    顾客
│ ・品牌   │ ⇒ │ <目的>    │ ⇒ │(渠道·触点)│ ⇒
│ ・商品   │    │ ・销售收入│    │ ・店面   │
│ ・活动   │    │ ・品牌建设│    │ ・WEB    │
│          │    │ ・经营    │    │ ・杂志   │
└──────────┘    └──────────┘    └──────────┘
```

此外，我们有必要根据原始素材的性质进行传播设计。一方面，企业本身和品牌属于持续时间长、稳定性强的原始素材，我们需要从长远的角度出发进行传播设计，而且有必要定期地重新审视原始素材。正是由于持续时间长，所以管理素材的人最好是同一个人，并由这个人一直观察。如果是企业，就由总经理负责；如果是品牌，就由品牌经理人负责。

另一方面，季节商品和活动等追求瞬时风速最大化的原始素材属于速战速决型素材。对于各种传播手段的顺序和时机等，我们也有必要进行缜密设计。

2 目标／切入点

在这一阶段，我们将从原始素材中提取出顾客感到有趣的要素。

第❹章 传播设计

- 目标＝主动地从商品制造的角度思考
- 切入点＝一边观察顾客一边从第三者的角度客观地思考

目标和切入点的不同在于"从哪个角度提取要素"的不同。通过把要素明确标记为目标或切入点,我们就可以养成有意识地从相应的角度思考的习惯。

目标指的是主动地从商品制造的角度思考并寻找有趣的要素。对于商品来说,在商品开发阶段中出现过的组合表中已经写了大概的要素。可以说故事等就是其完成形态,而且那些没有添加进故事里的、丢掉的素材中也藏着一些可能性。

而切入点指的是从第三者的角度客观地从原始素材中寻找顾客感到有趣的要素。虽然没有实际参与商品开发的人比实际参与过的人更容易拥有这样的思考角度,但是其实这里是有一些诀窍的。关于这些诀窍,我们留到后面讲述。

虽然我们需要根据目标和切入点提取顾客感兴趣和关心的要素,但是并不是随意提取即可,还需要看看目的是什么。具体来说,目的包括以下三个方面。

- 销售收入
- 品牌建设
- 经营

销售收入以提高直接的销售收入为目的。品牌建设与品牌形象的提升有关。经营虽然与销售收入和品牌建设都没有直接的关系，但是可以创造下一次机会。下一次机会指的是，比如通过把 TADAFUSA 的面包刀的故事作为成功案例推出，获得下一个咨询委托这样的情况。目标、切入点中常常混合着这三个方面的目的，我们应该把其中主要的一方面当作目的。这样就可以避免在下一个阶段中思考传播手段时迷失目的。在思考传播手段的时候经常会发生这样的情况：迷失原本的目的，只是寻找有趣的要素，但是这些要素却跟任何一个目的都没有关联。这样的话就没有意义了。

3 传播手段（渠道／触点）

A 什么是传播手段

传播手段指的是把从原始素材中提取出来的目标和切入点最有效地传达给顾客的方法。比如，假设 HASAMI 的马克杯的目标是"能够摞起来"和"多种颜色"这两个关键点。那么用文字体现这两个关键点，比如"绚丽多彩且可摞起来的马克杯"，就不如通过一张绚丽多彩的马克杯摞起来的好看的照片体现，因为照片更加便于把信息传达给顾客。这就是正确的传播手段。对于

第 ❹ 章 传播设计

目标和切入点,一定有最合适的传播手段。要想最有效地把信息传达给顾客,就必须在考虑传达的场所、时机、手段和顾客的情况的基础上思考最合适的传播手段。

那么每次都要从零开始思考传播手段吗?不是。换句话说,传播手段就是触点(顾客触点),就是商品和信息的流通网。也就是说,每个企业都有着自己固有的传播手段。当然,我们还可以根据目标和切入点研究固有的传播手段以外的传播手段,不过首先还是要研究自己本身就有的传播手段。因此,重要的是梳理和把握每个企业固有的传播手段。

中川政七商店传播手段的梳理

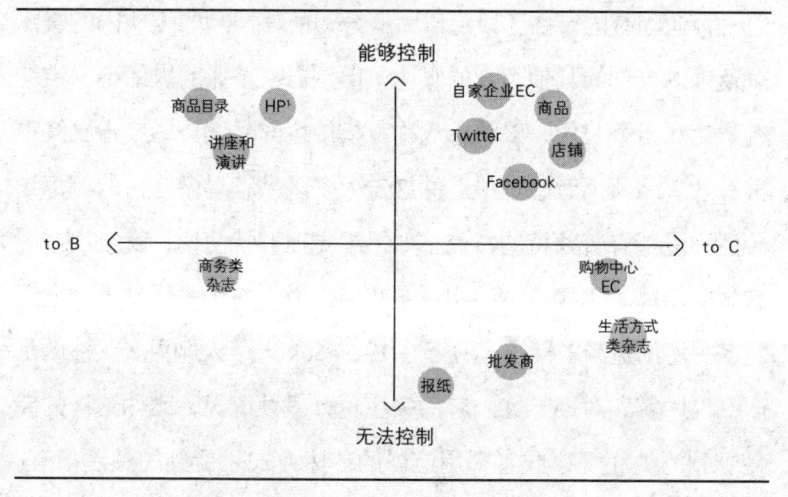

```
                    能够控制
                      ↑
   商品目录  HP[1]         自家企业EC
   讲座和                       商品
   演讲              Twitter
                              店铺
                        Facebook

to B  ←──────────────────────→ to C
        商务类                购物中心
        杂志                    EC
                              生活方式
                              类杂志
                      批发商
                  报纸
                      ↓
                    无法控制
```

---

1 Homepage 的简称,一般指网站主页。

Ⓑ 传播手段（渠道/触点）的梳理

企业整体的固有传播手段分散在各种部门，恐怕很少有人能够把握其全貌。但是，如果不在理解传播手段的基础上思考传播设计，就无法实现有效的沟通。我们首先要把所有传播手段写下来。然后把传播手段分为两种，即相对来说能够由企业控制的传播手段，以及难以由企业控制的传播手段。

Ⓒ 熟悉传播手段

企业固有的传播手段可以大概分为能够控制的企业内的媒体以及难以控制的其他企业的媒体，但是自家企业的媒体不一定就有效。在当今时代，以第一人称直接传达商品优势的广告已经不再有效。因此笔者感觉最近的广告大多以品牌建设为目的。每种传播手段都有着独特的特点，如果不先理解就使用，就无法实现有效的传播。比如，拿中川政七商店来说，在企业网站上，人们更多关注的是商务性内容，而在 Facebook 上，人们更多关注的是商品性内容。对商品性内容的关注也分多种情况，比如这样的商品受到的关注多，或者采用这样的传达方式时受到的关注多等。一个人很难熟知所有传播手段，所以笔者认为，在进行传播设计时，让与商品开发相关的人、各种传播手段的负责人和品牌经理人齐聚一堂进行商议才是最有效率的。

第 4 章　传播设计

各种传播手段的负责人一定要互相了解。负责 PR 的人不能只知道都有哪些杂志，还应该知道杂志的哪些特辑将在哪些时候组稿，以及偏好什么样的品位和切入点等。负责批发销售的人如果不了解批发商的店铺，就无法想象批发商能够开展什么样的活动。这里，重要的是要去理解对方的思维逻辑，比如对方的目标是什么，对方在哪些时候思考哪些事情。只有理解了这些，才能在与对方交谈时，让对方认可并觉得"哦，他很懂啊"，这还关系到信任关系的建立。

Ⓓ 不要看错顾客的情况

所有的传播设计都是为了向顾客传达。所以很显然，了解顾客非常重要。我们反复强调过，品牌形象形成于顾客的心中。

要想了解顾客，重要的是不要看错顾客的情况。顾客情况不同（顾客对我们了解多少，是否对我们感兴趣），传达方式就不同。

这里有一个传达方式因对顾客的理解程度不同而不同的简单案例，即 Step Mail。邮件杂志是对注册的所有用户发送最新的相同信息，而 Step Mail 与邮件杂志不同，它会根据时机，比如购买商品时、配送商品时、商品到达时、购买后 1 个月、购买后 3 个月，向顾客提供合适的信息。

此外，展会也是一样。参加展会的买方必须在有限的时间内来到多家展台并收集信息。由于比较忙，买方无法为一家展台分

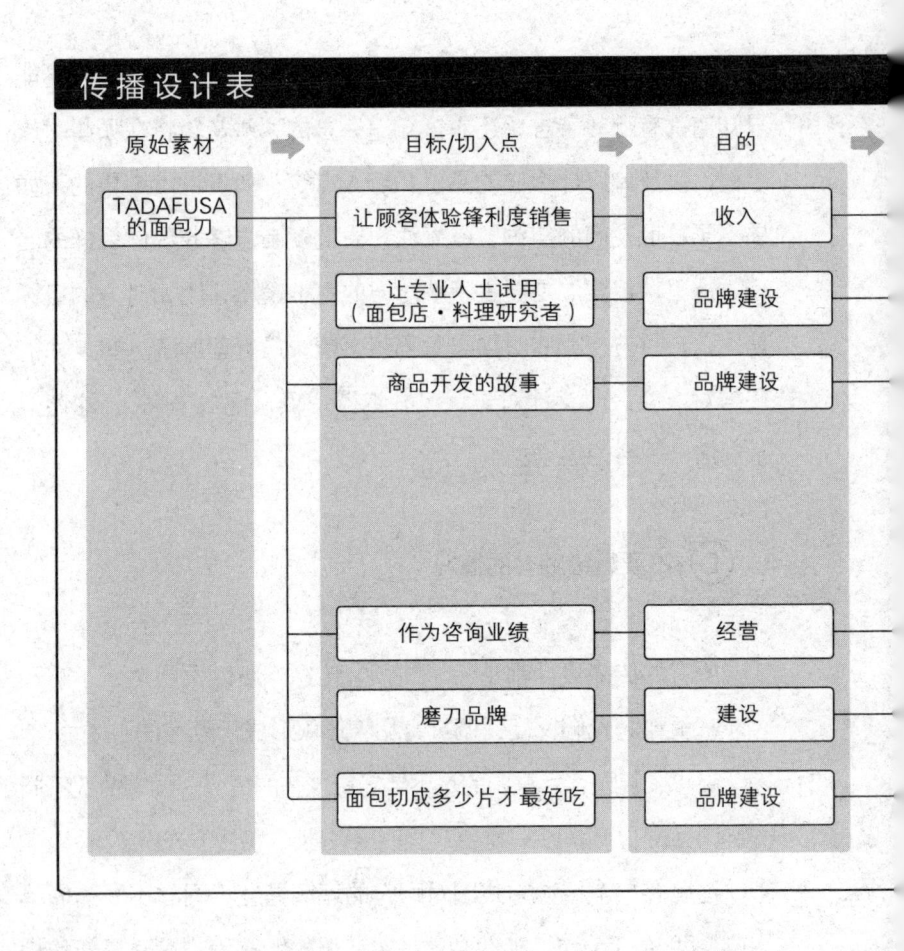

经营与设计的幸福关系
経営とデザインの幸せな関係

传播设计表

原始素材	目标/切入点	目的
TADAFUSA 的面包刀	让顾客体验锋利度销售	收入
	让专业人士试用（面包店・料理研究者）	品牌建设
	商品开发的故事	品牌建设
	作为咨询业绩	经营
	磨刀品牌	建设
	面包切成多少片才最好吃	品牌建设

配很多时间。而企业往往会在自家展台摆满自己的信息。这样，路过的买方就无法从大量信息中发现真正重要的信息，最终很可能就会过而不停。因此我们不能把自己想要传达的信息一股脑儿全都展示出去，而必须站在忙碌的买方的立场上思考最合适的传达方式。

第 ❹ 章 传播设计

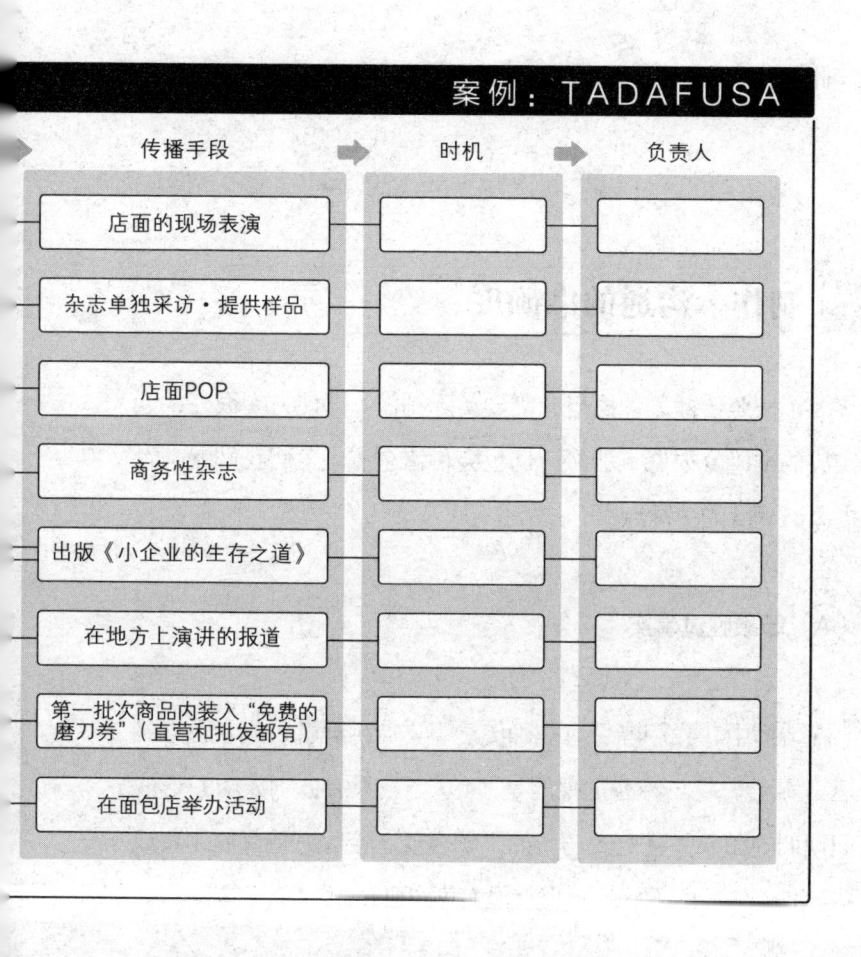

案例：TADAFUSA

传播手段 ➡	时机 ➡	负责人
店面的现场表演		
杂志单独采访·提供样品		
店面POP		
商务性杂志		
出版《小企业的生存之道》		
在地方上演讲的报道		
第一批次商品内装入"免费的磨刀券"（直营和批发都有）		
在面包店举办活动		

（E） 选择好的传播手段

前面我们思考了传播手段，但是把能够想到的传播手段全都用一遍并不是正确的做法。当然企业内部资源有限，所以应该先综合考虑时间、费用、可实现性、目的和效果，选择好的传播手

161

段。此外，我们还应再次回顾商品组合表，确认各种信息是否仍然一致。

4　制作·沟通的准确度

为了按照传播设计执行，需要实际制作。即使方案很好，如果实施的准确度很低，那么一切也会付诸东流。下面我们就来看看提高准确度的关键点。

Ⓐ 印象胜过事实

在传播中，我们容易对准确传达事实产生误解，或者在准确传达事实上失败。传播重视的是"传达"，只有让别人内心形成我们预期的印象才算是成功。如果顾客或者接收方持有的印象或看法与我们的目的不接近，那就没有意义。

Ⓑ 词语的准确度

关于"准确度"，前面已经说过很多次，在品牌建设中，词语的准确度非常重要。

除了词典上的定义，每个人对词语都有不同的印象。日语是差别非常微妙的语言，我们有必要根据词语给对方的印象来选择用哪些词语。比如，中川政七商店现在的愿景是"振兴日本工艺！"，但是其实最开始是"振兴日本传统工艺！"。很多人在听到"传统工艺"后脑海中浮现出来的都是和服、带花纹的木制漆碗等。可是，拿中川政七商店来说，虽然商品的制造背景属于传统工艺企业，但是商品却都接近日常使用的生活杂货范畴。于是，我们注意到传统工艺这个词语给人的印象与实际情况之间有一道鸿沟，于是把"传统工艺"更改为了"工艺"。虽然这是非常小的一个方面，但是让人们更加准确地了解中川政七商店从事的业务，这种更改是有意义的。

此外，当我们想传达某一信息时，持续使用相同的词语也非常重要。比如当我们表达"今后，光靠逻辑思维还不行"的时候，如果一会儿说"设计思维"，一会儿说"创新思维"，一会儿又说"设计思考"，那么尽管这些词语都是一个意思，哪一个词语都不可能留在对方的记忆中。所以，我们有必要持续使用相同的词语。

品牌建设就是沟通。我们要学会敏感地注意到词语给别人的印象。

Ⓒ 图形设计的准确度

图形设计能够左右看到该图形的人的感受。我们不能只想着设计好看的图形或者时尚优美的图形，而忘记"让看到图形的人产生我们预期的印象"这一图形设计的目的。

跟商品开发一样，我们需要确认看到图形后的印象。这里仍需注意，我们只能指出目的与印象的不一致，而不能去管颜色或者图形设计的细节部分。

Ⓓ 照片

据说，人眼的性能远远高于最新的数码相机。人们会下意识地从一张照片中读取大量信息，并形成某种印象。因此，我们还必须对照片加以留意。也就是说，选择摄影师跟选择设计师一样重要。选择符合我们想法的人非常重要。

Ⓔ 造型

只把商品的照片与经过造型的照片相比，当然是后者能够把使用场景更加清晰地传达给别人。有些素养较高的顾客看一眼商品就能想象出很多使用场景，但是并不是所有顾客都是这样的，因此对照片进行造型就显得很有必要。

斗篷品牌 mino 每个季节都会拍摄有模特造型的照片。这是因为，斗篷本身只是平面的、四四方方的针织品。虽然斗篷的设计极其简单和实用，非常有趣，但是如果照片上真的只展示商品，那么商品的优势肯定无法传达给顾客，品牌的世界观就更不可能传达给顾客了。于是我们事先想了很多场景，并分别让男模特和女模特穿着斗篷拍了一些照片。这样一来，即便我们不特意说明，"偏中性，男女都能穿""既能搭配西式服装也能搭配日式服装"等信息也能借助照片传达给顾客。笔者认为，从商品首次亮相到后来的热销，这些照片功不可没。

5 在现场落实

前面讲解的商品开发和传播设计都是由企业总部主导的，几乎没有现场的参与。但是很多情况下，执行我们传播手段的都是现场这个触点。因此，准确地把想法传达给现场非常重要。如果不重视这一点，可能好不容易进行的传播设计就会在最后关头全都白费。我们要注意把信息落实在现场，以免在最后关头出差错。这里，重要的是我们的想法。

03 传播设计的诀窍

下面来看看几个有助于思考目标、切入点以及传播手段的诀窍。这里，重要的是亲自进行几次传播设计，以及按照这个格式梳理并解读世界上已有的传播手段。通过反复进行这样的训练，我们就可以明白传播设计的诀窍。

1 让信息交叉

顾客一开始并不会去记忆品牌、店名或者商品等。对于这一点，相信大家换位思考一下就能明白。假设我们随意去某家店买了一些东西，那么事后大家能够说出那家店的名字吗？如果是初次去某一家店，恐怕大部分人都只能模糊地想起店内的景象和对商品的印象，或者与店员的谈话，或者它在常去的那家店的旁边。我们还可以假设我们在那家店的商品中发现了曾经收到的礼物。这样的话，我们对这家店的印象就会比对最开始假设中的那家店的印象强烈。

一次或者两次的接触还不够，只有多种信息交叉时，人们才能认识并记在心中。因此在进行传播设计时，对于相同的切入点，我们需要试着创造多种传播手段，有意地促进信息交叉。

2　创造吸引人之处

在讲解理念的时候，我们曾经说过，规范整齐的常见表达不会留在人们心中。因此我们不能使用常用的词语，而应该用自己的语言说明，或者尝试把互相矛盾的语句组合起来，想各种办法以找到吸引人的语句。

例如："日本纺织·游中川" → "日本布·游中川"

3　比喻

人们想象不出不了解的或者没见过的事物。在说明未知的事物时，人们常常使用比喻的手法。向买方说明新品牌的时候，这种手法很常用，即以世上已有的且定位相似的事物为例说明品牌和商品。

例如，中川政七商店开始从事工艺企业的复兴咨询时：
"中川政七商店＝工艺行业的星野度假村"
创建重视机能性的袜子品牌 2 & 9 时：
"2 & 9 ＝袜子版的 BIRKENSTOCK[1]"

1　德国知名的凉鞋品牌。

像这样把未知的事物比喻成已知的其他事物会更便于人们想象。

4 压缩信息

从顾客的角度来说，他们不会一开始就想去了解某个品牌。而从企业的角度来说，面对付出诸多心血开发出来的商品，他们总是有很多想要讲述的故事。这样一来就会产生隔阂。因此，想要讲述的故事再多也得暂时忍着，只把最想讲述的一个故事认真地告诉顾客即可。当顾客对商品兴趣的程度上升后，讲述第二个故事、第三个故事的机会迟早会出现。

5 同时提及

企业在产品发布会上向媒体传达某事时，总是容易以自我为中心。我们有大量的信息想表达，想把自家企业和商品全都推广出去。但是，如果此时敢于同时提及其他行业或者其他企业的案例，那么从最终的结果来说，对方对自己产生兴趣的概率会上升。从问话人的角度来看，扩大对象更容易引起别人对自己的兴趣。在推广自家企业的产品时，如果敢于同时提及其他行业的案例等，说服力会增加，也会更容易让对方产生兴趣，更容易得到认可。

6　不做主角

在思考传播手段时，还有一个诀窍，即不让要卖的商品做主角。比如，让商品作为活动的配角自然地出现，并请顾客实际体验其优势，通过让顾客不再警惕的方法寻找销售商品的机会。

这种情况下，消除"想把它卖出去"的感觉才是最大的关键点。在察觉出"想把它卖出去"的感觉后，很多顾客都会退缩。这种方法可以用来降低门槛，让顾客了解商品、接触商品。

7　发现争论

在思考传播手段时，有一个诀窍是"发现世上的争论"。争论是一种状态，即人们意见分歧，有着各种各样的主张。比如明治[1]的点心"蘑菇山"和"竹笋村"之间是多年的竞争对手，顾

1　日本一家企业的名称，经营乳制品、巧克力和糖果等。"蘑菇山"和"竹笋村"都是明治旗下的巧克力产品，都深受日本民众喜爱。

客分为蘑菇派和竹笋派，并不断提出各自的主张。于是明治举办了一场投票活动，蘑菇派和竹笋派都热情高涨。相信从结果上来说，举办活动前后的销售收入一定有所增长（结果是竹笋派获胜，而笔者是蘑菇派）。

恐怕参与争论的人们都觉得自己才是正确的，并希望一决胜负。可见，我们还可以像这样去发现争论，并以此为切入点进行传播设计。

8 传播手段要直白

"不在传播手段上动歪心思"很重要。传播手段的背后是人们的欲望，如果"想做的一定是这件事"这个假设正确，那么直白地思考把这个欲望最大化的传播手段即可。

要想给"面包切成多少片才最好吃"这个争论下一个结论，我们无须为了有趣而有趣地胡乱思考，其实直白地思考更能想出好的传播手段，比如直白地想出"按照所有片数切面包并品尝"这种传播手段。如果假设的验证做得好，准确度高，那么传播手段就应该直白一些。这就是最终能够想出有趣传播手段的秘诀。

第 4 章 传播设计

04 以沟通的方式思考渠道

通常来说，渠道归营业部门管理，笔者认为，渠道也是沟通的一部分。这是因为，渠道是一种会对品牌形象产生很大影响的要素。

渠道，即销路的开拓并不简单。品牌的销售渠道一旦确定，就不能轻易改变。在现实中，相同品牌的不同商品很难分别采用不同的销售渠道，而且从效率上来说也不合适（因为这样的话，从建立品牌阶段起就已经错了）。因此，渠道很容易固定下来。反过来说，对于企业和品牌来说，渠道这里出错的话，就会产生很大的问题。

中川政七商店原本是供货商，因此最开始的销路大多是面向零售商店的批发这种渠道。从某个时期开始，渠道改为了在直营店销售。中川政七商店目前的品牌形象很大程度上是通过开直营店塑造的。

无论采用哪种渠道，都没有对错之分。企业和品牌不同，适合的传播渠道就不同。重要的是理解每种渠道的特点，并主动地区别使用，保持平衡。

下面我们就来从传播的角度看看各种渠道。

171

经营与设计的幸福关系
経営とデザインの幸せな関係

渠道矩阵

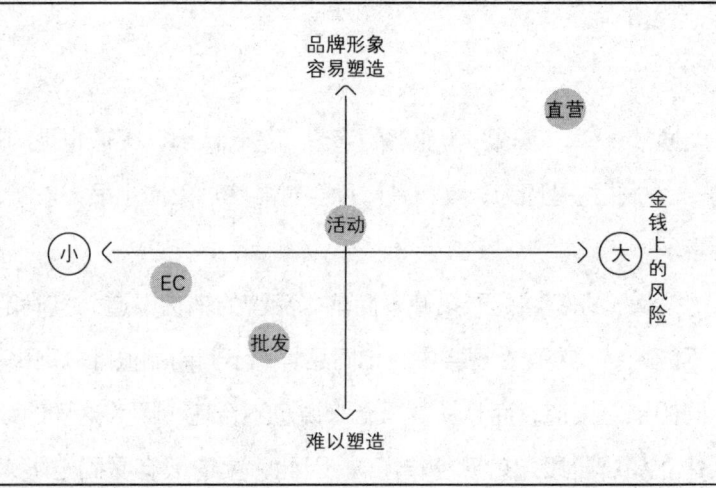

```
            品牌形象
            容易塑造
               ↑
                          直营
                                    金
                                    钱
               活动                 上
  小 ←——————————+——————————→ 大    的
                                    风
       EC                           险
             批
             发
               ↓
            难以塑造
```

1 直营店

  直营店在开店初期投资较大，金钱上的风险较高，但是自己能够控制品牌形象，是一种便于塑造品牌形象的渠道。

  如果是直营店，店铺的选址本身就会对品牌形象产生很大的影响。开在银座和开在浅草，形象差异非常大。此外，是开在路旁还是开在商场这一点也非常重要。我们应该事先设想品牌应该选择的店址，把第一家店开在最好的位置。当然，收益性也很重要。但是，越是最先开的店，越应该重视品牌形象，而不是收益性。

2 批发

一般来说，批发大多是通过参加展会来拓展销路，金钱上的风险不太高。但是，在店面的展示就必须委托给零售店，因此这种渠道不便于我们控制品牌形象。当然，我们可以通过选择零售店间接控制。

关键在于拓展销路的劳力和销售收入、利润的平衡。因此重要的是吸引到零售店。话说回来，品牌建设和积极的经营可以说是相反的思维方式。有限的资源应该分配到哪里呢？是着力于品牌建设还是着力于经营呢？当然，就本书的观点来说，是把资源分配到品牌建设上，因此这里应该制造一种不经营也可以的状况。

那么如何才能做到不经营也能拓展销路呢？这里，与我们进行商业往来的零售店的顺序就显得很重要。我们要按照每家零售店的品牌形象从高到低的顺序确定零售店。某些行业的零售店也一定存在品牌形象方面的高低关系。如果我们能够与其中居于上位的零售店进行商业往来，那么商品摆放在那些零售店里本身就是一种经营。

3　EC

搭建一个 EC 网站是最低限的初期投资，因此可以说金钱上的风险比较低。不过，从构建品牌形象的意义上来说的话，从现状来看，笔者感觉 EC 网站的作用很难说。

从初期投资较少这一点来说，EC 网站容易被选作最初的渠道。但是话说回来，在缺少品牌认知的初期阶段，我们该如何描绘通往 EC 网站的动线呢——这是一个很大的问题。当然，我们可以选择打广告，但是那样的话，从结果来看，初期投资就会很多。我们应该认真思考商品适合的 EC、在 EC 行业内的竞争关系，以及弱势和优势。一般来说，我们思考采用这种渠道时应该"与实际的措施组合"。

4　Pop-Up Store

Pop-Up Store[1] 花费的初期投资各不相同，所以金钱上的风险程度不能一概而论，不过从它作为限制期间[2] 的商店这一点上来

1　有时译作"快闪店"或者"短期店""游击商店"等，指的是突然出现且不长久驻留的临时性商店。
2　即时间是有限制的，通常是几天、几周或者几个月。比如某商品只在某一段时期内才会销售，这就叫作限制期间。

说，投资效率应该是比较高的。这也会关系到初期投资额，不过采用这种渠道时，我们可以在一定程度上控制品牌形象。这里，必须注意的关键点是，它与直营店几乎相同。Pop-Up Store 与直营店的不同点在于，Pop-Up Store 这种渠道本身就让人觉得它是一种流行，是今后的品牌。而如果是已经十分知名的品牌，那就会给人一种"限制期间"或者"特别"的感觉。此外，还有其他一些值得考虑的渠道，比如加盟和在国外开店等。讲解经营战略的专业书也有很多，具体内容大家可参考那些专业书。这里重要的是，关于渠道，我们也应该像思考品牌的传播战略时那样，大家一起统一、垂直地研究。企业组织必须打破部门之间的壁垒，建立设计并控制传播的机制。

第5章

对话

经营与设计的幸福关系
経営とデザインの幸せな関係

中川淳（中川政七商店第十三代董事长兼总经理）

生于1974年。从京都大学法学部毕业后，于2000年入职富士通股份有限公司，2002年入职中川政七商店股份有限公司，2008年就任第十三代社长。在"振兴日本工艺！"这一企业愿景下开始从事面向特定行业的经营咨询事业。帮助第一位客户长崎县波佐见町陶器制造类企业"MARUHIRO有限公司"创建新品牌HASAMI，迎来空前盛况。于2015年获得表彰那些凭借独特战略保持着较高收益的企业的奖项——Porter Prize。此外还出演《坎布里亚宫殿》等电视节目，并多次举办面向经营者和设计师的讲座和演讲。著作有《奈良小企业在表参道开店的历程》《如何着手创建品牌》《品牌的培育之道》（日经BP）《小企业的生存之道》（CCC Media House）。

第 5 章　对话

岛浩一郎（博报堂 Kettle 董事长兼总经理）

生于 1968 年。1993 年入职博报堂，在企业传播部门负责企业的 PR 活动。2001 年被调往朝日新闻社，担任报纸《SEVEN》——在星巴克等销售的面向年轻人的报纸——的编辑主管，从 2002 年到 2004 年担任博报堂报刊《广告》的主编。2004 年参与策划"书店大奖"，现为 NOP 书店大奖执行委员会理事。2006 年设立博报堂 Kettle，以实现不受现有方法束缚传播方式。积极参与媒体内容的制作，担任文化杂志《Kettle》和地方新闻网站《赤坂经济新闻》等的主编。2012 年在东京下北泽与内沼晋太郎共同创办书店 B&B。编著的作品有《CHILDENS》(Little More)《岛浩一郎的创意是如何产生的》(Discover 21)《策划力》(翔泳社)《这条推特记下来》(讲谈社)《让人动心、让商品卖出去的编辑术：品牌媒体的创建方法》(诚文堂新光社)。

经营与设计的幸福关系
経営とデザインの幸せな関係

笔者在梳理传播设计思维方式的期间，刚好博报堂 Kettle 举办 10 周年宴会。那时笔者与岛浩一郎先生已经许久未见，于是在新潟县三条市的课程结束后，笔者便前往位于赤坂的博报堂 Kettle 事务所。在前往博报堂的途中，笔者打开了 Kettle 的网站主页，没想到在浏览了网页之后，心中竟然为之一振。

> **What is Hakuhodo Kettle?**
>
> 让创意涌现，让世间沸腾——这是我们创办广告代理公司的初衷。我们的企业理念是"传播手段中立"。我们不受以往的广告框架约束，从零开始构思，采取各种传播手段全力解决客户的问题。我们的特点是战略、制作、SP、PR 不分工，各部门齐聚一堂、共同策划。Kettle 认为最有效的是核心理念，致力于实现创新型一体化宣传活动。

传播手段中立、共同策划、一体化宣传活动……这不就是笔者一直思考的传播设计吗？

于是，笔者赶忙找到忙来忙去的宴会主角岛浩一郎先生，邀请他通过本书与笔者对话。本章的对话就是由此而来的。

显然，岛浩一郎先生是这个领域的专家，对话中有很多值得我们学习的地方。希望大家能够汲取到对话中的精华。

第❺章 对话

只要制造的商品好，就一定能卖出去吗

中川：这本书内容涉及与品牌创建相关的 A to Z，从经营阶段开始依次讲解如何创建品牌，如何开发商品，如何进行传播设计。我觉得，从事商品制造的人们对于传播设计这个阶段还没有形成什么意识。说起来，我在思考这个问题的时候，久违地阅读了博报堂 Kettle 的理念，读后心中非常震惊。我发现，这里写的就是我一直思考的问题！我当时就想，一定得找您聊一聊！

岛：原来如此，谢谢你（笑）。很多人都觉得只要制造的商品好，就一定能卖出去。事实上，虽然只要销售渠道给力，销售就没问题，但是不可能所有商品都与靠谱的商场有直接联系。

中川：特别是做设计的人，他们更容易有这种想法。

拿我们来说，我们有直营店，就算放任不管，商品也会出现在店内，所以我们不会去认真思考大家都是怎么向顾客宣传商品的。对于这一点，我只能从人的秉性的角度去评价，比如"责任感不够"等。通过这次把传播设计当作一种技术来思考，我才与博报堂 Kettle 理念中的"传播手段中立""共同策划""一体化宣传活动"产生共鸣。

岛：我一直在做基于 PR 的传播设计。因为 PR 是传播中最中立的，而且概念很广泛。说起 PR，人们会想起"宣传"（即推动媒体进

行报道或者做节目）。PR 原本指的是在社会上形成一致的新意见的工作，或者使新的生活方式或者新的概念渗透进社会的工作，比如促使男性参与育儿。宣传只是 PR 的一种手段，而 PR 则不顾及手段，怎么做都可以，比如召开国际会议、创办学会、出版、拍电影等。

在日本，通过媒体或网络打广告是首选的传播手段。怎么说呢，广告是最容易实现货币化的，所以才得到了普及，不过广告只不过是传播手段之一。

中川：是的，广告总是给人一种很费钱的感觉。

岛：销售某一商品时，是举办活动的效果好呢，还是制作一个说明商品使用方法的视频并上传到 YouTube 上的效果好呢？根据商品或者目标人群不同，情况会完全不同。可能有这种情况，即虽然销售这一商品的传播手段有很多，但是我们却从少数几个方法中进行了选择。

中川：很多企业会把传播相关的部分交给某些部门负责，感觉传播是分工完成的，那么"缺乏共同且一以贯之地思考的人"这件事情本身是不是就有问题呢？一开始咨询，我就会把一切都考虑清楚，并向各个负责部门做出指示，因此进展会比较顺利。但是，从个人层面上解决时，往往不顺利。现在我深刻认识到，必须把思考流程和需要考虑的关键点作为一种机制公开。赋予原始素材某些目标或切入点，并思考采用什么传播手段实现——这是我心中的思考流程，我希望大家能够理解它。恐怕这一点在您从事的 PR 世界中是理所当然的，但是在中小制造类企业，PR 这个词本身都还没有成为一种概念，所以中小制造类企业的传播手段才每次都是"参加展会"。

岛：连这个词都……

中川：也是因为容易拿到补助吧。

"人们现在如何看待它"的想法

岛：制造商品的人会认认真真地对待自己制造出来的商品，所以他们常常会想"人们现在热衷于什么呢"或者常常看不清商品与自己之间的距离，但是又总觉得"可是，我都已经制造了好商品"，然后不了了之。

比如，拿面包刀来说，最近喜欢面包店的人越来越多，于是在博客里写关于面包的事儿的人也越来越多，希望做布鲁克林式有机栽培的人也在增多，以此类推会发现，连阅读《KINFOLK》[1]

---

1 《KINFOLK》是一本全球知名的生活方式季刊，充满烹饪、手工和活动创意。

的人都增多了。我们得连"有哪些与吃面包的生活相关的事情"这样的信息都收集起来，得去思考阅读面包控博客的人们是如何看待菜刀的。总之，我们需要从生活者[1]的角度试着观察自己制造的商品，然而大多数情况下，我们都还没做到这一点。

中川：是啊。切换角度也是同样，尽管有这么多信息基础设施，大家还是没有主动利用它们收集信息，还是不了解信息。我在新潟县给企业经营者和制造者讲了半年课。经营者大都说想把自己的商品陈列在东京装潢时尚的店铺里。

岛：嗯，如果陈列在那里真的好的话还行……

中川：我就问，"那你们说的店铺具体指的是哪里呢？"结果很多人连一家店铺都答不上来。

---

[1] 与下文的"生活者发想"一样，都是由博报堂创造的词语。所谓生活者，是可以用来代替"消费者"这个词的用语，注重从人扮演的多重角色整体而全面地看待一个人，而生活者发想指的是捕捉生活者的欲望和价值观，为生活描绘新图景。具体可参考上海文艺出版社于2012年5月引进的《生活者发想：革新营销的新视点》一书。

第❺章 对话

岛：现在用谷歌搜索"菜刀"的话，最靠前的联想词是"菜刀怎么磨"。这样一来，我们就会知道，原来有很多人都觉得菜刀不锋利，而且想知道怎么磨刀。排在第二位的联想词是"菜刀 GLOBAL"。这是个品牌名。排在第三位的是"菜刀包装盒"。像这样，我们只通过搜索就能轻松地立刻知道人们对菜刀有什么样的兴趣。但是，有些锻造菜刀或者卖菜刀的人却不知道这些。当我把搜索结果展示给他们时，他们常常很吃惊。谷歌都已经自动为我们把人们感兴趣的事情呈现出来了，（如果我们不去了解的话）真是可惜。只要知道对菜刀感兴趣的人们的兴趣所在，我们就可以从这一点出发去思考，比如"开个磨刀方法培训班怎么样"或者"在菜刀包装盒上动些脑筋怎么样"。重要的是，我们应该对"人们是如何看待这一对象的"这件事情保持敏感。

中川：搜索结果中出现了 GLOBAL（注：新潟县的菜刀品牌），却没有出现 TADAFUSA，看来我们的实力还不够啊。

岛：哈哈哈。很清楚吧。输入几个字就能瞬间知道人们对某个事物的兴趣所在。大家一定要试着搜索一下，看看自己负责的商品有哪些联想词。

中川：说起来，地方上的中小制造类企业还都不知道这种方法呢，我觉得是因为身边很少有知道这种方法的人。从这一点上可以看到地方上和东京的差距。

岛：是吗？拿我来说，我是做策划的，所以对"目标人群都在想些什么"非常敏感，常常运用各种手段去调查。现在已经是网络时代了，就算是小地方，应该也能获取到各种信息，所以我觉得地方上的品牌应该还能做得更好。

中川：是的。信息基础设施这么完善，地方上肯定还能做得更好。这次课上有个条理清晰的人，像是个追星的人。追星＝信息敏感度高，也就是说，这样的人比其他人更了解社会上的事情，所以我总觉得他应该能做出什么不错的事情来。

发现"内在需求"

岛：关键就在于能不能客观看待自己的商品吧。制作内容的人也非常需要具备这种能力。比如，杂志编辑需要认真地观察读者的喜好，所以杂志编辑擅于发现读者的内在需求（还没有形成语言的潜在欲望）。以女性读者为主要对象的杂志《Mart》在介绍某个法国的锅具品牌时，起的标题是"让您家厨房更美的装饰品"。于是，这个锅具品牌变得非常受欢迎。这难道不是很厉害吗？在法国的铸造工厂制造锅具的工人怎么可能想着"为日本制

第❺章 对话

造装饰品"。那么，如果编辑当时起的标题是"能够做出美味炖菜的锅"，这个品牌的锅具还会不会热销呢？应该不会吧。正是因为编辑认真地做了观察，才做出了"让您家厨房更美的装饰品"这样的策划。这个编辑就具备了针对"介绍锅具品牌"这个目的，寻找出人意料的切入点的能力。

中川：这就是这种工具（传播设计表）中说的"目标"和"切入点"的区别吧。目标注重主动性，而"切入点"是客观性角度。正是由于客观，才能传达给别人。为 TADAFUSA 提供咨询服务时，您帮我们策划过一个与片桐仁先生的活动——面包切成多少片才最好吃。可惜那时我参加不了，让 TADAFUSA 的老大替我去的。

岛：那个活动的效果很好，对吧？

中川：那次的策划我当时没真正理解。明明是推广面包刀，为什么要说面包的事儿呢？（笑）现在想想，这个切入点特别的棒。

岛：对参加活动的人来说，那种体验非常不错。

中川：不以面包刀为主角这一点让我最有感触。关于切面包

187

的活动，现在我才想明白，原来推广面包刀的时候"不以面包刀为主角"是一个诀窍啊。

从商品及其周边寻找争论

岛：要想推广面包刀，还是得从与吃面包有关的所有生活场景去考虑。听一听喜欢面包的人怎么说，或者去网上搜索一下，我们就能发现喜欢面包的人之间是存在争论的。这种争论就是一种机会。人们会争论在面包店买面包的时候，把面包切成多少片才最好吃。比如，在关西地区，切成五片的厚面包片更受人欢迎，但是在关东地区，薄面包片更受人欢迎。那么，对于"面包要切成多少片"这个问题，某些品牌就可以试着给出结论。喜欢面包的人就会觉得，这个品牌会帮自己解决自己在意的问题。所以，既然TADAFUSA制造出了面包刀，那么干脆就成为一个最懂喜欢面包的人的品牌吧。

中川：通过发现并解决争论成为某领域的领军品牌啊。

岛：发现粉丝们互相争论的事情是一个诀窍。毕竟这是粉丝们都很关心的问题。在面包店的活动中，关键在于面包刀会在喜欢面包的人们饶有兴趣的观察中登场。虽然活动目的是给"究竟切成多少片才最好吃"这个争论做个了结，但是在实际的体验中，人们也能体会到"这把刀好锋利"。因此，他们自然也会发现面包刀的魅力。这个主题能够吸引喜欢面包的人，自然也能宣传面包刀。这就是传播战略。只是直接地把想表达的意思表达出来——这不是传播。对了，那次活动得出的结论是"切成四片最好吃"。啊？片桐仁先生的结论是"切成两片最好吃"（笑）。

中川：哈哈哈！切成两片（笑）。

吸引人的诀窍——同时提及

岛：还有一个诀窍，是同时提及。

中川：同时提及……是什么意思？

岛：简单来说，这种方法就是，除了自家企业希望推广的商品，还可以同时提及因类似理由卖得好的商品，通过这种方式宣传。比如，为了推广乡土玩具而开展 PR 活动时，不只陈述自家企业的产品信息，也讲一些其他乡土玩具的故事，说明乡土玩具的相关趋势。比如列举一些"地产地消"[1]的成功案例。可以是需要手艺的食品玩具的故事，也可以是最近受到关注的、成为收藏品的商品。通过同时提及，对方就可以把这作为很广泛的现象看

1　即在当地生产，由当地消费。

待，而不是当作单一现象。这样一来，对方还会把这个商品看作引起这一现象的关键性商品。"现在 SUV 很受欢迎，这是具有代表性的 SUV 车型"，这么说比只说汽车的规格更好懂，对吧？

中川：那么说更有说服力呢。

岛：这跟刚才的故事一样，制造商品的人倾向于只思考自己制造的商品，对吧？他们会反过来问，为什么必须同时提及其他的商品呢？但是生活者不会那么思考。便利店咖啡和零卡路里饮料都是通过与很多企业的商品同时提及才受到关注的。很多情况下，通过"7-11 便利店 VS 全家便利店"这样的对比语境在媒体上报道，实际上对于双方的品牌来说都比单独报道更有利。感受值——普通人如何看待商品——很重要。

中川：也就是说，顾客在读到报道或者杂志等的时候会怎么想——一切都只能从这一点倒推，对吧？

岛：嗯，是的。当我们准备就面包刀思考些什么的时候，需要运用各种方法调查喜欢面包的人，更进一步说，我们需要调查生活者是如何看待面包的。首先，我们得多去几家面包店看一看，问一问。虽然面包店跟使用刀的人没有直接关系，但是他们每天都跟那些既使用刀又喜欢面包的人接触。

第❺章 对话

人们会感谢"把自己想知道的告诉自己的人"

中川：但是，正是因为企业做不好这些事情，所以才会委托给您的吧？

岛：不对不对。当然，我们是以生活者的思路做策划的，不过在企业中，也有很多以生活者的视角思考的商品开发负责人、市场营销负责人。但是，摸索内在需求仍然相当困难。在我们前面讲过的《Mart》的案例中，作为其读者的家庭主妇并没有说过"希望厨房更美"这样的话，也没有写在博客里。但是，主编认认真真地观察了作为其读者的家庭主妇，所以才能发现"实际上，大家都想要装饰厨房的商品"这种需求，并向主妇们指明了能够实现这种需求的商品。所以，这个编辑很厉害。

人啊，没我们想的那么伶俐，说不出自己想做什么或者想要什么。当别人猜中并问我们"实际上想要的是不是它呢"的时候，我们会非常感谢，还会觉得"这家的杂志真厉害。与的就是我想做的事儿"，进而成为杂志的粉丝。怎么说呢，人们总喜欢附和，明明说不出自己想要的东西，在别人告诉自己的时候还会说"对对，那就是我想要的"，就像很早以前就知道自己想要的是它一样（笑）。

中川：嗯……还真是（笑）。

经营与设计的幸福关系
经営とデザインの幸せな関係

岛：对于把自己一直想要的东西找出来的服务，人们并不会表示感谢，但是对于把自己想要什么告诉自己的服务，人们会非常感谢。当想买的书已经确定的时候，亚马逊把那本书快递给我们。人们认为那是理所当然的。但是，如果偶尔去了书店，鬼使神差地买了几本原本不打算买的书，人们就会很开心，对吧？我觉得，书店是一个可以在短时间内看到大量的书的地方，这会激起我们的兴趣，让我们更容易发现想要的东西。

中川：的确，我们会使用亚马逊提供的服务，会觉得值得感谢，但是我们并不会通过亚马逊探索新的发现。

岛：而且，出现过几次这样的情况后，读者就会觉得"这家书店真厉害，总有我喜欢的书"，从而成为这家书店的粉丝。

杂志一般就是这样增加粉丝的。山本由树先生是杂志《STORY》的前主编，他是"美魔女"[1]这个词的创造者。"就算人到中年，也想自由生活，不是吗"，这个价值观就是他通过杂志提出来的。但是，在此之前，中年女性并没有到处宣扬"就算到了这个年纪，我还是想穿得性感一些""就算是这把年纪了，我

1　由光文社的时尚类杂志《STORY》创造的词，特指35岁以上而且才貌双全的女性，源自"像施了魔法一样美丽"。

还是想谈场恋爱"这样的愿望。内在需求还没有转换成语言。但是，山本先生就发现了还未被用语言表达出来的目标人群的需求，并把这种需求表达了出来。他们通过把用语言表达出来的提议刊载在杂志上，帮助读者发现了自己想要做的事情。就像前面说的，人们会感谢那些帮助自己发现自己想要做什么的人或者事，因此读者会进一步喜欢上这家的杂志。

我从事的就是策划的工作，所以每天都在探寻人们的内在需求。

什么样的人能发现内在需求

中川：您说的内在需求，就类似于"洞察"，有些人能够获得它，有些人却不能，差别在哪里呢？

岛：我觉得，这主要在于是否对别人的想法敏感。这是立场的差别。

中川：比如，Kettle 在面试应聘人员的时候有没有什么特别在意的方面？

岛：一个人是不是有想象力，光是聊聊天就能看出来。比如是否能够明白别人的想法。

中川：我觉得，一个人只要有过具有创造性的工作经历，就能够自然地想象"是那样吗？"。但是，地方上很少有具备这种工作经历的人。其中有些人可能潜在性地具备想象力，但是如何观察才能发现这样的人呢？"会察言观色"是不是一种体现呢？

岛：从事有创造性职业的人是不是更擅于进行"生活者发想"呢？这倒未必。相反，倒是有很多自命不凡的人。就像您说的，说起"会察言观色"，重要的是观察能力。经常有人问我，"去哪里才能发现内在需求呢？"我觉得，日常的场景就是最大的内在需求的宝库。首先，可能一切在于我们从日常生活能发现些什么。

发现内在需求的基础在于都市观察

岛：观察一下城市，我们会发现最近似乎常常看到年长的人进入游戏中心，说起来 Komeda's Coffee[1] 里也总是有很多年长的顾客。注意到这种现象后，就要思考"为什么他们会有这种行为呢"这样的问题这些行为的背后一定有着某种理由或者欲望。把其理由或者欲望用语言表达出来后，就可以发现人们的内在需求。为什么年长的人会去游戏中心呢？我们来推测一下其中的原因吧。他们是不是为了见朋友才去游戏中心的呢？这样的话，内在需求

---

1 即日本口美达咖啡店。

就是"想见朋友"。策划就是理解这个内在需求,就是让"想见朋友"这种欲望最大化。比如,在游戏中心举办游戏团队赛……

我觉得都市观察是最重要的发现内在需求的方法。我们要去发现那些行为有改变的人。如果发现了这样的人,就要思考为什么他们会有这种行为,以及这种行为背后的动机或者欲望。这就是内在需求。而策划就是实现这种内在需求。

中川:就是这样用自己的双眼亲自确认并思考啊。您还有没有其他通过都市观察注意到的事情呢?

岛:发现内在需求的另一种有效做法是"寻找发牢骚的人"。人们虽然不擅于把自己的欲望用语言表达出来,但是却会把不满用语言表达出来(笑)。所以,我一遇到发牢骚的人就会觉得"机会来啦"。当我听到老奶奶在超市收银台旁生气地说"这鱼就不能切得更小一些啊",我就会把这句牢骚话转换成欲望。哦哦,原来这个老奶奶想要的是切分得更小一些的食材啊。

实际上,"书店大奖"的契机就是一句牢骚话。很多书店店员都发过这样的牢骚:直木奖[1]为什么让这本书拿到了啊?牢骚话

---

[1] 全称为直木三十五奖,是日本作家、文艺春秋出版社社长菊池宽为纪念友人直木三十五而于1935年设立的文学奖项,授予对象以大众作品的无名作家、新作家以及中坚作家为主。

反过来看就是欲望。也就是说，店员们的欲望是"可是我想卖的是别的书"。遇到发牢骚的人，就更容易发现他们的欲望。发现欲望，也就是发现内在需求后，直接准备一个容纳这种欲望的托盘，策划就算是完成了。

中川：原来如此。策划就是容纳欲望的托盘啊。

岛：拿面包刀来说，只要能发现跟面包有关的欲望，那这个欲望就算是一个内在需求。话说回来，所谓争论，其中就蕴藏着"想要知道"这种欲望。

中川：也就是如何发现"真正的欲望"吧。

岛：是的。不过，这非常困难。毕竟很多情况下，自己都注意不到自己真正的欲望呢。可是，一旦真正的欲望出现在眼前，他们还会说"对对，那就是我想要的"……我们人类虽然不够伶俐，但是却会附和别人。

中川：还真是，的确是（笑）。

我们的情况可能稍微有些不一样。作为制造类企业，我们少有地拥有很多店铺，常常有人这么问：你们可以从这一点出发去开发商品，对吧？但是实际上，我觉得商品开发跟顾客的想法没

第5章 对话

什么关系,所以总是回答"我们没怎么这样做过呢"。道理都是一样的吧?因为"真正的欲望无法用语言表达出来"。

岛:恐怕就算按照顾客的想法开发了商品,卖出去的可能性也很小吧。我们得去发现那些顾客还不能用语言表达出来的欲望。

中川:是啊。所以我们在企业内常常说,对于实际购买我们的商品并针对商品发表某些想法的人,应该认真听取他们的意见。虽然我们并没有把意见限定为牢骚话,但是大多数意见都是一些牢骚话。这些牢骚话会成为改善商品时的参考意见。您刚刚说的话,我觉得跟开发现场能联系起来呢。

岛:在调查或者小组访谈中,往往难以发现潜在欲望。

中川:但是,大家不还是都会进行调查吗?

岛:那是因为很多人要求提供数据支撑啊。包括我自己在内,大家都是工薪族嘛(笑)。

中川:那就还好(笑)。我们可没做过调查。

岛：或许从发掘本质性的内在需求来说，调查的必要性不强。当然通过调查的确也可以发现内在需求，而且我觉得通过写给社交媒体的评论等也可以预测出某种趋势，或许随着人工智能或者科技的不断发展，我们还可以细致地理解某些话语并从中读出潜在欲望。但是，目前来说，从日常观察中发现内在需求仍然是最有效的手段。毕竟，欲望还没有被人用语言表达出来，所以也就不能把它写在网上。

因此，不管是制作内容还是开发商品，靠谱的策划者都必须找出尚未被人们用语言表达出来的隐性欲望（即便这种欲望是假设的），并做出能够应对这一欲望的策划。

当然，也可以是应对已经表露出来的欲望的服务。就像面向女性读者的杂志每年都做"想在夏天来临之前瘦下来"这种策划一样。

但是，就像前面说的，如果想要的东西已经确定，那么人们对实现这种欲望的服务就不怎么会表示感谢。人们会对帮助自己发现"哦哦，原来我想要的是这种东西啊"的人表示感谢。

中川：比如，以市场营销的方式策划商品时，不是有大数据吗？

岛：数据就是已经用语言表达出来的东西，对吧？所谓大数据，就是梳理现有欲望。当然，大数据中也肯定会有发现。比如，喜欢盐味拉面的人实际上还喜欢清汤味薯片。我们能够发现一些出乎意料的情况，比如"有这种欲望的人原来还有着那种欲望啊"。此外，大数据还能应用在市场营销上。比如向购买了A商品的人提供B商品的折扣券……可见，大数据还是有用的，不过它还是无法发现内在需求。大数据很难先于本人发现"实际上很想成为美魔女，不是吗"这个愿望。

当然，也有一些企业致力于实现那些已经表露出来的欲望，比如"想在夏天来临之前瘦下来"这种绝对会产生的欲望。如果市场容量足够大，商品就能卖出去。但是，这个领域的商品会立刻成为常见商品。要想拓展新的市场，就需要开发实现隐性内在需求的商品。

观察"日常生活"并发现欲望的苗头

中川：您刚刚提到了内在需求等关键词，那么还有没有其他思考传播手段时的流程或者步骤呢？

岛：嗯……我觉得"一切在于观察"。

中川：刚刚您说到了"日常观察"，大家每天都得睁着眼，所以其实一直都在自然地践行着日常"观察"吧？可是，观察到的信息量却因人而异，差别很大。

经营与设计的幸福关系
経営とデザインの幸せな関係

岛：对日常生活不感兴趣的人或许看到的只不过是表面。他们眼中的社会分辨率很低，所以他们获取的信息也就不多。

中川：而且，"看到"也分不同的种类吧。比如，我觉得设计师观察某个物品的方法跟我观察某个物品的方法就完全不一样。我在看某个物品的时候，会把它转换为信息，像是在看标签一样，所以如果过后让我画出来，我就完全画不出来，但是设计师看到的是物品的形状，所以总是能画出来。还有，我们家是做生意的，所以一去餐馆，父亲就会嘟嘟囔囔地说些什么。比如他总是会说"这家餐馆有多少座位，工作效率大概多高，白天有两轮，客单价多少，房租多少……"虽然我只是在一旁听着，但是也慢慢养成了这种习惯。我从小就那么做，但是当我跟一个父亲是医生的人说起来这事时，他却说怎么可能（还有这种人）。

岛：如果我遇到一个表现出我没见到过的行为的人，就会记下来。新的穿衣潮流，或者特别的行为……其背后都有着想那么做的欲望。我最近注意到有人把宠物放在婴儿车里，于是开始思考"他们为什么那么做呢？"，根据我自己的个人经验，不管什么情况，只要有超过三个人表现出我以前没见到过的行为，那么这些行为中就可能蕴藏着某些社会性内在需求。也就是说，其中肯定有能够形成某种规模的市场。我已经发现几十个把宠物放在婴儿车里的人了，似乎可以从中发现一些内在需求，应用在策划中。

中川：您在外面的时候就一直观察吗？

岛：我还会读读书，或者看看网上的新闻。不过最重要的还是"生活者观察"。由于工作上的关系，我还对电车或者出租车上的广告比较在意。

中川：那么，比如坐电车的时候，你会为了看电车里的广告而在车内走来走去吗？

岛：嗯，我会。不过，如果我当时在做的工作刚好是面向女白领的，就会使劲观察女白领。

中川：我也是，虽然以前从来没注意过菜刀什么的，但一开始菜刀的工作，就会大量观察菜刀，信息也会大量涌来。这样的案件多起来之后，必须去观察的事情也会增多。过去的或者不再需要的素材，您是如何处理的呢？

岛：对于过去观察到的事情，我会全部储存起来。根据那些行为假设内在需求是一种思维训练。虽然只是一些假设，但是如果提前把"人们一定是想做这件事"这样的欲望储存起来，那么有时或许能运用到工作上。当然，有些素材可能一生都用不到（笑）。重要的是，如果关于我们发现的欲望的假设是正确的，那么基于这个欲望而做出来的策划就会非常有效。

中川：原来如此，的确是没有必要特意丢弃。

只有最大限度实现欲望的装置才会有效

岛：只要掌握内在需求，策划就会有效——我来讲个案例吧。美国谷歌想录取一些被称为超级大脑的优秀理科生。好像是斯坦福大学还是麻省理工学院的毕业生。帮谷歌解决这个问题的是美国一家叫 Crispin Porter + Bogusky 的广告公司。靠他们的策划，谷歌招揽了很多技术人员。也就是说，他们做的策划效果很好。

那么，他们是如何做的呢？他们只是在大学旁边挂出了横幅，上面写着"{first 10-digit prime found in consecutive digits of e}.com"。把它翻译成中文，意思是"在自然对数的底数 e 中，最先出现的连续 10 位数的质数 .com"。不过，恐怕我们还是完全看不懂。

中川：看也看不懂啊。

岛：但是，对于超级大脑们来说，看见横幅的瞬间就有反应了。他们会觉得"这个问题，我不解答谁还能解答"。问题最后有".com"，所以我们知道有网站。对这个问题有想法的理科生们回到家就开始挑战这个问题。这个问题出奇的难，解出来很不

第 5 章 对话

容易。最后,好不容易有人把正确答案输入到了网站上,结果发现,贴出这个问题的网站竟然是谷歌的招聘网站。网站上出现了"欢迎来到谷歌"几个字。也就是说,解答难题的过程直接就是招聘考试。凭着这次策划,谷歌招聘了很多优秀人才。

这里有一点值得我们注意,就是策划这个广告的人早就看穿了潜藏在那些物理和数学特别好的人们心中的欲望——想解答难题。这个欲望是秀才们才会有的内在需求,但是他们自身有没有发现自己的这个欲望呢?还真不好说。他们并没有把"我想解答难题,求求你们了"写在博客里。正是由于发现了"想解答难题"这个内在需求,Crispin Porter + Bogusky 才做出了容纳这一欲望的托盘。正是由于这个内在需求非常准确,策划才会有效。

《沉默的羔羊》中的男主人公莱克特博士说过一句点明主题的话,即"人们虽然注意不到自己的欲望,但是当它出现在眼前的时候,就会变得想要"。没错,当难题出现在眼前时,他们才会注意到自己的欲望。

中川:这个案例很易懂,非常有趣呢。

岛:拿"书店大奖"来说,正是由于我们发现了"除了获得

---

1 托马斯·哈里斯的小说,创作于 1988 年,并于 1991 年改编为电影。

直木奖的作品，还有些想卖出去的书"这一内在需求，所以承载这一欲望的装置，也就是"书店大奖"，才会有效果。毕竟他们有着想卖出去的欲望。常常有人说，你没有策划广告，倒是策划了个奖项来卖书，真厉害。但是，跟直木奖相反的不就是书店大奖吗？这个想法其实非常朴素。

中川：我觉得首先需要洞察到欲望，然后才是传播手段，也就是执行。但是，拿书店大奖来说，为什么您思考的传播手段是设立新的奖项呢？

岛：其实，只要能够发现内在需求，剩下的就不太难了。只要针对这一欲望制造出最能容纳它的托盘就行。一开始我就说过，传播手段有很多，比如举办活动、制作数位内容[1]、刊登报纸广告等。只要明确想实现的欲望，传播手段就能确定下来。所以，假设年长的人去游戏中心是为了与朋友见面，下面我们基于这种欲望来思考一下怎么策划才能把欲望最大化。单纯地去思考就行，比如举办一场与朋友一起战斗的游戏团队赛。这样的话，传播的输出形式就是活动。但是我们一开始并没有想着举办活

1　即 Digital Content，指的是通过信息科学技术把图像、文字、影像等资料加以数位化后整合而成的产品或服务。

动。首先需要根据最能容纳欲望的装置是什么来判断采用什么传播手段。

中川：这就是"传播手段中立"吧。

岛：我们只需要思考怎么才能最大限度地容纳欲望。"面包究竟切成多少片才最好吃？"为了最大限度地满足这个欲望，只能举办把所有情况都实验一遍的大会。而且，活动中还得用到面包刀……就是这么一回事儿。

一体化≠网罗性

中川：原来如此。顺便请教一下，贵公司的理念中提到了"核心理念"……

岛：核心理念就类似前面说的内在需求。"怎么做人们才会行动？"核心理念就是关于人们做出行动的动机的假设。我们认为这个词的意思是"人们行动的源泉"。

中川：还有，我在开头列出的贵公司企业理念中提到了"一体化宣传活动"，这也是让我产生共鸣的地方。

岛：一体化一般是整合，或者联系起来的意思。广告行业的人们常常把它误解为"使用全部手段"的意思，于是就倾向于把空格全部填满。比如CM（commercial message，电视广告）要做这些、图形要做那些、数码要做那些……

中川：原来如此，网罗性地……

岛：就算只有一种方法，也能叫作一体化。比如，我们假设想让年轻人使用菜刀时，让他们付诸行动的手段包括教程书。但是，目标人群如果是年轻人，可能小册子的效果就不如把菜刀使用教程的视频上传到YouTube上。

可能他们在YouTube上看到菜刀的使用教程后，自然就会想试着用一用。这样一来，我们就会想"同时举办体验型活动更好"，手段就得到了拓展。那么，手段就是活动和YouTube。更进一步来说，人们会为自己参加的活动受到关注而开心，所以我们就觉得广告宣传也有必要，于是还需要试着邀请媒体采访这次活动。最终，我们选择的传播手段就是视频、活动和PR。这跟把所有空格填满不一样。

中川：传播手段从一个中心点派生出来，都具有必要性，因此宣传也就具备必然性了。

岛：说起来，我们一开始就不会规定"关于这次的广告，我们要做 CM、杂志和活动"，而是去思考，要想创造一个让人想使用菜刀的状况，我们需要什么呢？关于菜刀的使用教程，既可以借助杂志的特辑传播，又可以借助 YouTube 传播。关于使用哪种手段，需要根据目标人群最喜欢哪种形式这个标准来决定。

确定和浓缩传播手段

岛：人都是任性的，欲望各种各样。比如，如果自己即将观看的电影多少有点儿话题性，心情就会更好，所以电影公司的人们才会通过杂志或者报纸的影评介绍电影，同时面向有艺人参与的综艺节目举办记者会。他们会配备各种"素材"，让人们产生看电影的欲望。所以说，所有活动都是有意义的。但是遗憾的是，如果不思考必要性，只是做广告，那么这样的宣传活动就缺乏战略性，效果也就不会强。

中川：实际上，试着制作一个传播设计的表格后，我想"这样就好懂了吧"，但是产生的现象却不同。因为大家都网罗性地去写传播手段了。从消灭遗漏的意义上来说或许有意义。但是，接下来我们还要把它们浓缩成一个强大有趣的手段并执行。我是抱着这个目的制作表格的，所以会想"这样啊，原来大家会这么想"，总之，我会写很多出来。

岛：首先，我觉得思考各种各样的手段是一种训练，非常重要。头脑风暴的时候，我会思考很多可能性，想着"或许这样能把面包刀推销出去呢"。比如，我甚至想过面包刀或许能卖给刀剑女子[1]。然后，我会在浓缩想法的时候思考这种办法是否真的能够突破内在需求。

中川：先思考很多，然后重点关注其中逻辑最好的方案并执行，对吧？

岛：这也是一种训练。

中川：对，是一种训练，也是一种习惯。所以得从养成习惯这一点开始改变。以前我读过加藤昌治[2]的一本书，书名是《考具》[3]，其中写了很多有关习惯的内容，比如"养成这种习惯后，就能输入"。听您说着说着，我就想起了这本书。必须得改

---

1 对日本刀特别感兴趣的女性。
2 是一名企业职员，闲暇时喜欢写作。1994年入职大型广告公司，以通过改善信息环境提高客户品牌价值为使命，从市场营销和管理两方面出发，策划并执行能够解决现实问题的信息战略。
3 本书围绕考具——有助于思考的道具——讲解了人们应该如何思考，如何想出好的创意和策划方案。

第 5 章 对话

变习惯。

虽然逐步提高输入的准确度很重要，但是可能头脑中实际上已经满满的了。我一边觉得这也没办法，一边觉得每个人都有自己的容量，所以恐怕只能在其中来回思考了吧。

岛：训练。持续存储内在需求也是一种训练。虽然把"有人把宠物犬放在婴儿车里"这件事一直记在心里看起来没什么用，但是我觉得，策划能力跟"心中有多少这种看似没用的抽屉"是成正比的。所以，有些发现可能乍看起来没什么用，但是我们还是得不断地把注意到的各种发现存储在心中。

中川：我想，您在意的跟 Kettle 其他成员在意的可能会不同，那么假设客户那儿来了个课题，一个人单独完成与两个人一起完成相比，会不会不同呢？团队完成某事的意义在哪里呢？

岛："对于某种商品，目标人群实际上可能是这么想的"——有关这种内在需求的考察，我觉得由多人参与更好。内在需求即最终用来创造宣传活动的框架，我觉得让项目负责人或者广告中说的创意总监最后从成员们提出来的各种假设中做出选择即可。

209

中川：果然还是需要多种视角啊。

岛：因为这样会使思维得到拓展，让人觉得"原来如此，还可以有这种想法啊"。

脱离"先来做个广告吧"

中川：最后决定作为框架的内在需求时，有没有什么标准呢？

岛：亲眼所见的内在需求很厉害。比如"书店大奖"。我当时是《广告》这本博报堂发行杂志的主编，所以为了宣传杂志，就得去很多书店。刚好就在书店遇到店员说"直木奖为什么让这本书拿到了啊"。也就是说，我当场就确认了"可是我想卖的是别的书"这个欲望。这是多对一式的发现，即如果多次发现，就可以确信。游戏中心的年长者也是，如果想实际地思考怎么策划，就得在游戏中心现场观察。

中川：像这种第一手信息，现场感觉很关键吧。
顺便请教一下，我这个人有点儿偏理性，总是想把思路和步骤流程化、工具化。这样的话，比如我们公司也有设计师，但是我总觉得他们的平均值还能提升，所以会有意识地进行创意管理，对此您怎么看呢？

第❺章 对话

岛："根据内在需求思考"这个想法本身，其实很多人都知道，但却很难做到。人们有时在寻找内在需求的阶段会马马虎虎，或者内在需求还不清晰就开始写 CM 的内容。

所以，就算只是把"①发现隐藏的欲望＝内在需求"和"②制作坦率地实现该欲望的装置"这两个操作步骤执行得更认真一些，恐怕效果也会不一样。很简单，就这两条。我们公司把这两条都明确地用语言表达出来了。

中川：就是说，"发现内在需求并制作实现它们的装置"是传播设计中最基本的，对吧？

岛：发现内在需求的方法有很多。不过，最基本的还是都市观察。如果发现不同寻常的行为，就去思考引发这种行为的欲望是什么。比如，如果在原宿等地发现穿着睡衣的女孩子，就去思考"为什么她要穿着睡衣出来呢"。常常思考"为什么"。就像非主流和美魔女，发现其背后的欲望，就能创造商业机会。"单身贵族"也是，只要发现其背后的欲望，就能在各种行业开发商品或服务。

中川：创意的世界当然需要这么做，不过我觉得，中小制造类企业也必须这么做。中小企业人数少，就必须得由总经理去发现内在需求了。

经营与设计的幸福关系
経営とデザインの幸せな関係

从用户角度学习

岛：对于制造类企业来说，有些地方需要向极端用户学习，对吧？恐怕需要向出乎商品制造者的意料而使用商品的用户学习的地方还很多呢。比如我们前面说过的主妇把锅具看作一种厨房装饰的例子。

最近，我在看亚马逊上一款评价特别高的餐具烘干机时不禁笑出了声。有一条五星评论，我就想"厉害啊，这餐具烘干机"，于是读了读评论，结果评论里写的是"完美烘干了塑料模型上的涂料"……（笑）

中川：是嘛（笑）！

岛：可是制造这种餐具烘干机的人却完全没想过那种用法，没想过"这个温度对田宫色标[1]来说刚刚好呢"。因为这种餐具烘干机并不是专门为田宫色标而制造的。

中川：有这种事呢。慢跑兴盛的时候，中川政七商店的花抹布也会被拿来擦汗，所以那时卖得很好。那会有人曾经说过

---

[1] 田宫股份有限公司销售的模型用涂料系列产品，包括水溶性亚克力涂料等。

第 5 章 对话

"虽然缠在脖子上刚刚好,但要是别人觉得我把抹布缠在了脖子上的话,还是很丢人的,所以跟你们总经理说一下,换个名字吧"……(笑)

岛:像这种极端用户,就会出乎意料地去使用商品,所以其中往往隐藏着制造类企业没发现的内在需求。因此,把花抹布改成"慢跑××"之类的名字,从新的角度去销售,或许会卖得很好呢。

中川:卖是卖掉了一些,只是效果一般(笑)。

岛:那是因为市场规模不够大吗?

中川:我觉得是因为在"最大程度实现欲望"这个传播手段的部分没能彻底挖掘。只是依靠我们当时现有的销售渠道了。

岛:原来如此。或许把商品放在慢跑的人较多的那些销售渠道上就好了。

中川:您说的对。一旦销售渠道固化,就会容易偷懒。

商品策划和传播战略与内在需求的关系

中川：我一边听您说，一边思考，觉得发现内在需求是不是跟商品策划有关呢？我一直觉得商品策划和传播是两码事儿，但是跟您聊了聊，觉得它们或许是一回事儿呢……

岛：本来，商品开发就应该基于内在需求开发。然后，传播也理所应当地应该基于内在需求。

中川：如果在商品开发阶段就思考传播，就能想到如何确定颜色了吧？

岛：是的。因为如何展示商品也属于实现目标人群欲望的一部分。

中川：制造商品时思考的事情或者挖掘的广度，以及制造完成后思考的广度可能不同吧。制造完成后，可能思维更广阔一些。

岛：广告公司的人是在商品完成后才参与策划，所以习惯于在商品制造完成之后更进一步拓展策划。

第5章 对话

中川：我想，理想的商品开发可能需要在制造商品的时候就去思考内在需求，从始至终、一气呵成地以传播手段中立的形式把包括传播在内的事情都设计好，您觉得呢？我觉得需要在某种程度上先思考、预想一下。

岛：因为同一种商品会在多个市场上销售，因此难的是一开始能不能考虑得全面彻底。以哪种内在需求看待呢？比如商品会根据季节不同而不同，所以商品开发和传播战略虽然定位接近，但不是一回事儿。什么时候做策划，预算多少……对于这些问题，可能等商品制造完成后再思考比较好。

中川：可是，有时会把内在需求搞错吧？

岛：当然是有这种可能的。因为，内在需求一开始不过是假设。但是我的工作就是做这个，所以会根据经验判断内在需求是否准确。有人会怀疑，觉得"世上有那么多欲望吗？"实际上，随着设备和环境不断变化，欲望也在不断产生。一旦学会SNS，内心就会产生希望得到认可的欲望，对吧？

中川：真好，您通过自己的职业存储了那么多假设和创意。

岛：因为职业关系，我总是重复着发现内在需求的过程，发现的准确度也越来越高。但是，欲望是产生于日常生活中的，所以发现来自于任何人都能平等地观察的世界。人们看到的都是相同的景象，然而有些人看到的是"单身贵族"这个新欲望，而有些人看到的就只是一个女性在吃饭，没有任何感想。要想发现内在需求，并不需要在设备上投资什么。从日常生活中提取新的内在需求的工作是任何人都能完成的。

中川：不花钱就能做到，所以中小企业更应该好好做传播设计。今天受益颇多，谢谢您！

后记

终于写完了本书（笑）。本书基于 2016 年 1 月～6 月由新潟县三条市举办的"事业·道路——人才培养事业"上的讲义。笔者最初觉得写这本书会很轻松，认为不过是把课堂上的内容转换成文字而已，现在发现自己真是太天真了。讲课时很难发现的逻辑上的不足之处俯拾皆是，所以笔者在内容补充上花费了很多时间。得益于此，相信本书中的逻辑、流程、格式应该都较为完善了。

只要读完本书，任何人就能即日创建一个好品牌吗？我认为不是的。"知道怎么做"跟"一定能做好"之间还是有差距的。那么如何才能弥补它们之间的差距呢？在本书中，笔者留下了很多"诀窍"。接下来，只要老老实实地相信这些做法并积累实战经验，我们的能力就能得到不断提高。有个词语叫"守破离"，表示的是学习古已有之的事情时的态度。所谓"守"，就是先老老实实地守护别人教给自己的"模式"；所谓"破"，就是打破既有模式，创造属于自己的模式；而"离"就是最终脱离模式，得到自由。笔者认为，重要的是要先相信它，从"守"开始。

笔者在写作本书时，内心强烈的想法是"要创造通用语言"。创建品牌时会有很多人参与进来。如果所有相关人员之间有一种通用语言，那么项目成功的概率一定会大幅提升。尤其是与建立

217